Helmut Hubacher

Ogi – Macht und Ohnmacht

Adolf Ogi und Helmut Hubacher im Nationalratssaal 1983

Helmut Hubacher

Ogi – Macht und Ohnmacht

Opinio Verlag
Edition Basler Zeitung

© 2001 by Opinio Verlag AG, Basel
Edition Basler Zeitung
2. Auflage 2001
Alle Rechte vorbehalten
Foto Umschlag: KEYSTONE, Zürich
Foto Schmutztitel und Autor: Eduard Rieben, Bern
Gestaltung Umschlag: Kurt G. I. Walter, Basel
Lektorat: Willi Schmid, Vallamand
Faktenüberprüfung: Peter Amstutz, Bern
Satz, Lithos, Druck: fgb · freiburger graphische betriebe
www.fgb.de, Freiburg/D
ISBN 3-03999-000-4

Inhalt

Vorwort	7
1. Leistungsdruck	9
2. Der Chef	28
3. Volles Auftragsbuch	44
4. Berg- und Talfahrt	49
5. Medienwelt: Schein und Sein	64
6. Ein Stich ins Neat-Herz	74
7. Der verhinderte Aussenminister	89
8. Sport ist sein Leben	108
9. Wie viel Armee ist genug?	125
10. Die Partei der Gnadenlosen	149
11. Der Rücktritt	170
Quellennachweis	176

Vorwort

Wenn ein Linker über einen Rechten ein Buch vorlegt, denkt wohl mancher, da könne nichts Objektives herausschauen. Falsch. Der Linke bemüht sich besonders um Korrektheit und Fairness. Die Objektivität gibt es im Übrigen nicht, es fliesst immer die persönliche Meinung mit ein. Man kann sich selbst ja nicht ausschalten. Ich bin aber mit dem Vorsatz an die Arbeit gegangen, nicht zu übertreiben, weder im Lob noch in der Kritik. Ich glaube, das ist mir gelungen.

Wie komme ich als Sozialdemokrat dazu, ein Buch über Adolf Ogi zu schreiben? Das ist einfach zu beantworten. Ich bin selber Politiker und nehme die Gelegenheit gerne wahr, den Nachweis zu erbringen, dass der politische Gegner kein Feind, sondern ein Demokrat ist. Dass er das verkörpert, was das Wesen der Demokratie ausmacht: den Andersdenkenden. Die andere Meinung ist die demokratische Normalität. Wo es nur eine Partei gibt, herrscht die Diktatur. Das Vielparteiensystem ist das Markenzeichen eines demokratischen Staates. Deshalb ist es mir nicht schwer gefallen, über den Demokraten Adolf Ogi dieses Buch zu schreiben.

Ich weiss nicht, ob ich das auch über einen sozialdemokratischen Politiker tun würde. Da müsste ich zu viele Rücksichten auf alle möglichen Mimosen in der eigenen Partei nehmen. Vielleicht würde ich mir das nur einbilden, weil ich meine SP-Schere im Kopf hätte. Da ist es doch viel einfacher, Politik am Beispiel von Adolf Ogi darzustellen. Wir sind miteinander weder dick befreundet noch verkracht, sondern kommen ganz gut miteinander aus, aber nicht so gut, dass ich ihn nur noch verklärt wahrnähme. Zu ihm habe ich die nötige Distanz, um Vorgänge mit etwas Gelassenheit und genügend Übersicht zu beurteilen.

Adolf Ogi ist zudem ein spannender Mann, einer, der aus den Bergen kommt, Showtalent hat, Politik vermitteln und Emotionen wecken kann, der aus dem üblichen Bundesratsrahmen gefallen ist. Er steckte 1995 in einem politischen Tief, musste das Departement wechseln, lief im letzten «Dienstjahr» zu einer Hochform auf, die ihm fast keiner mehr zugetraut hätte.

Adolf Ogi hat als Verkehrsminister und dann auch als Verteidigungsminister aussenpolitische Akzente gesetzt, die von den Machthabern in seiner Partei nicht akzeptiert werden. Daraus ist die Geschichte entstanden, wie ein Bundesrat in der eigenen Partei zum Parteifeind geworden ist – ein Vorgang, wie es ihn in der Schweiz so noch nicht gegeben hat.

Das und vieles mehr liefert Stoff genug, um aufzuzeigen, wie schweizerische Politik abläuft. Sie ist nicht so langweilig, wie gerne behauptet wird und nicht so hinreissend, wie zu wünschen wäre. Besonders hilfreich ist der polnische Satiriker Lec auch nicht, der meint: «In Wirklichkeit sieht alles anders aus, als es wirklich ist.» Ich wünsche viel Vergnügen.

Helmut Hubacher, Basel, Februar 2001

1. Leistungsdruck

Das ist typisch für Adolf Ogi. Bis zum Schluss auf vollen Touren. Wer abtritt, will einen geordneten «Laden» übergeben. Aber geht es wirklich nur so? Ogi hat dem «Sonntags-Blick» verraten, wie er den Weihnachtstag 2000 überstanden hat: «Letzte Nacht bin ich um eins nach Hause gekommen, habe bis drei Uhr gearbeitet und bin um Viertel vor fünf angetreten zum Jogging. Das tägliche Jogging gibt mir Kraft für meine Arbeit. Ich muss regelmässig laufen, egal ob es regnet oder schneit. Dank meinem Sport habe ich die Belastung als Politiker gesund überstanden.»

Das wären also gerade mal knapp zwei Stunden Schlaf gewesen. Diese Arbeitswut erinnert an einen früheren Bundesrat, an Nello Celio, bis 1973 Finanzminister. Als er nach einem Bankett im Berner Nobelhotel «Bellevue» gegen Mitternacht über den Bundesplatz schlenderte, sah er im Büro eines Direktors der Nationalbank noch Licht. Celio kehrte um, ging in sein Büro und telefonierte dem obersten Geldhüter: «Herr Direktor, wenn Sie dem Land einen Dienst erweisen wollen, gehen Sie jetzt bitte schlafen.»

Nun entsprach Nello Celio genau dem Cliché, wie wir es für einen Tessiner lieben: Ein Bonvivant, ein gemütlicher, stets gut gelaunter Mensch. Offiziellen Partys zum Beispiel wich er wenn immer möglich aus. Man stehe herum, erzählte er gerne, führe belanglose Gespräche und könne gar niemandem die Hand reichen; denn in der einen halte er das Glas, in der anderen die Zigarette. So mache es wenig Spass, hinzugehen. Dafür hatte Nello Celio gerne Gäste zu sich heim eingeladen. Er kochte einen köstlichen Risotto – mit rotem Wein.

Adolf Ogi ist kein Partyverächter. Er macht gerne überall mit. In der ersten Zeit als Bundesrat hiess es, wo ein Fotograf stehe, könne Ogi nicht weit weg sein. Im Bundeshaus wurde herumgeboten, er sei echt mediengeil. «Der würde noch auf dem Matterhorn einen Handstand vorführen, sofern ein Fotograf mitkäme», schnödete ein Nationalrat, der nicht zu Ogis Fan-Club zählte.

Die Öffentlichkeit ist für Politiker Bühne und Arbeitsplatz. Ich kenne nur ganz wenige, die gerne unbeachtet bleiben und ihr politisches Dasein als Mauerblümchen geniessen oder, wahrscheinlich eher, durchstehen. Einer mit dieser seltsamen Veranlagung war Bundesrat Pierre Aubert, zehn Jahre Aussenminister bis 1987. Ich hatte für ihn einmal eine Pressekonferenz an den Solothurner Filmtagen eingefädelt, weil über ein Dutzend ausländische Kulturattachés angemeldet waren. Ihnen hätte der schweizerische Aussenminister die Ehre erweisen und sie begrüssen sollen. Pierre Aubert hatte zugesagt. Dummerweise meinte ich, ihm noch eine kleine Freude mit dem Hinweis zu bereiten, die Medien seien ebenfalls eingeladen worden. Der sonst äusserst liebenswürdige Pierre erklärte beinahe erschrocken, «dann komme ich nicht». Er hat Wort gehalten.

So viel branchenunübliche Öffentlichkeitsscheu ist bei Politikern doch selten. Erst nach dem Rücktritt von Pierre Aubert hatte ich erfahren, dass ihm jeder öffentliche Auftritt mehr oder weniger zuwider gewesen sei – ob vor dem Parlament, den Medien, dem Parteivorstand oder Parteitag der SP. Das hätte man vom populären SP-Bundesrat Willi Ritschard, 1983 im Amt verstorben, nicht behaupten dürfen. Er hatte die öffentlichen Auftritte geliebt. Wo immer er angesagt war, füllten sich die Säle, ob im «Bären», «Löwen» oder «Sternen». «Das ist wie ein Schaumbad», schwärmte er dann.

In diesen Raster passt auch Adolf Ogi. Er hält in Sachen Kommunikationslust vermutlich den bundesrätlichen Rekord. Diese Dauerpräsenz in allen öffentlichen Variationen hat die einen genervt, andere gefreut, Dritten Respekt abgerungen. Der Oberländer macht nichts ohne Kalkül. Fernsehen, Presse und Radio sind die «Transportmittel» für seine Botschaften an das «verehrte Publikum». In der von Christoph Blocher beherrschten SVP ist Ogi der ungeliebte Aussenseiter. Die Partei vermittelt ihm wenig Rückhalt. Gefunden hat er ihn in den Medien. Ogi betonte stets, nur die Parteiführung lasse ihn im Regen stehen, das Volk hingegen unterstütze ihn. Er hat denn auch nicht wenige Abstimmungen gegen die eigene Partei gewonnen.

Aus den USA wissen wir, dass ein Präsident fast nicht um das Joggen herumkommt. Bill Clinton hat das Pensum einigermassen mit sportlicher Eleganz absolviert. Jimmy Carter hingegen machte bei der angeblich für einen US-Präsidenten unverzichtbaren Leibesübung einen eher gequälten, wenn nicht geradezu jämmerlichen Eindruck. Der Grossmacht stockte das Herz, als ihr erster Mann beim Joggen sogar zusammengebrochen war. Bei Adolf Ogi sind wir sicher, dass er den körperlichen Anforderungen des Joggens absolut gewachsen ist. Er rennt in aller Herrgottsfrühe los, nach eigenen Angaben um 5 Uhr. Da schlafen die meisten von uns noch. Es wäre unmenschlich, von einem Fotografen verlangen zu wollen, Ogi beim Gesundheitslauf zu filmen. So weiss die Nation eigentlich nur vom Hörensagen, dass sich ihr sportlicher Bundesrat jeden Morgen auf die Piste begeben hat. Dem Moritz Leuenberger würden wir diese «Tortur» nicht abnehmen.

Das Joggen passt zu Ogi wie das Frühstücksei. Wenn aber Herren im fortgeschrittenen Alter damit anfangen, muss das nicht unbedingt gesundheitsfördernd enden. Ich logierte als Nationalrat viele Jahre im gleichen Hotel mit den SVP-Nationalräten Rudolf Reichling und Paul Rutishauser. Nicht mehr die Jüngsten, der eine korpulent, der andere auch nicht mager, waren sie vom sportlichen Leistungsbazillus befallen worden und hatten sich entschlossen, mit Joggen zu beginnen. Gegen halb sieben kehrten sie im flotten Trainer und verschwitzt ins Hotel zurück. Bei Regen joggten sie die Lauben bis zum Bärengraben hinunter, sonst in Richtung Länggasse. Tartanbahnen sind beide Routen nicht, sondern harter Asphalt. Weder Reichling noch Rutishauser beherrschten die Leichtigkeit des Joggens, vielmehr «tätschten» sie ihr beachtliches Körpergewicht mit voller Schwerfälligkeit auf den Boden. Für den sechzigjährigen Reichling hörte der sportliche Ehrgeiz mit einer Hüftgelenkoperation auf. Allein mochte dann der Kollege auch nicht mehr laufen.

Der trainierte Ogi riskiert seine Gesundheit natürlich nicht. Im Gegenteil, beim Joggen erholt er sich. Das kann ich nachvollziehen. Mühe bereitet mir sein ehrgeiziger Leistungswille. Er joggt ja nicht nur aus reinem Vergnügen, sondern setzt sich selber konstant unter Leistungsdruck. Er stoppt seinen Lauf mit der Uhr, um zu vergleichen, ob er heute etwas schneller gelaufen ist als gestern. Jeden Morgen tritt er sozusagen zu einem Rennen gegen sich selber an und will es gewinnen. Chapeau, kann ich da nur sagen. Gleichzeitig suche ich das Motiv für diese Leistungsschau, möchte herausfinden, um es salopp zu formulieren, wo der Hund begraben liegt. Schliesslich heisst es bei Lessing: «Niemand muss müssen.» Warum «muss» Ogi?

Warum spielt meine Schwester Geige? Sie ist begabt, es macht ihr Freude. Ogis Geige ist der Sport. Dort holt er sich die Kondition für die politische Hochleistung. Damit kämpft er gegen die Vorurteile, die nach seiner Wahl ungeniert geäussert worden sind. Nur dagegen anzutreten hat ihm nicht genügt. Er will sie widerlegen, mehr noch, er will sie besiegen. Er musste «es» seinen Kritikern beweisen.

Der wohlgemeinte NZZ-Inlandredaktor und frühere FDP-Nationalrat Kurt Müller stellte vor dem Wahltag die Frage in die Runde, ob Ogis Schulsack für die neue Aufgabe nicht doch zu leicht sei? Wer so fragt, gibt auch die Antwort. Für längere Zeit blieb Zürich für Adolf Ogi so etwas wie feindliches Territorium. Hinter jeder Kritik aus dieser Landesecke hat er lang eine konzertierte Aktion vermutet. Dabei war dem Kurt Müller doch nur sein Bildungsdünkel im Weg gestanden, um über den eigenen Horizont hinauszusehen. Beizufügen ist allerdings, dass nicht nur er zu Ogi Vorbehalte anbrachte, sondern auch andere tuschelten hinter vorgehaltener Hand: «Kann der das?»

Der Schulbub «Döfi», wie man Adolf Ogi nannte, war beim Examen in die höhere Stufe der Volksschule in Frutigen durchgefallen. Wobei Schulnoten vielfach dem Fähigkeitspotential eines Schülers nicht gerecht werden. Ogi absolvierte die neun Schuljahre in Kandersteg, hängte drei Jahre Handelsschule in La Neuveville an und ergänzte sie mit praktischer Ausbildung in England. In unserer Ellenbogengesellschaft kann der fehlende Bildungsschein belasten. Das kenne ich aus eigener Erfahrung.

Als ich mich zum ersten Mal bei einem Arbeitgeber vorstellte und gerade meine alles andere als guten Zeugnisse mit schlechtem Gewissen hervorholen wollte, meinte der kluge Mann zu meiner Erleichterung: «Mich interessiert nicht, was Sie gelernt haben, sondern was Sie wissen.» Er wollte die Schulzeugnisse gar nicht sehen, sondern unterhielt sich mit mir.

Es wäre jetzt etwas zu bequem, eine gute Ausbildung oder gar das akademische Studium madig machen zu wollen. Der Hochschulabschluss stellt für das spätere Berufsleben einen unschlagbaren Vorteil dar. Er erinnert an die Zauberformel aus dem Märchen: «Sesam, öffne dich». Genutzte oder verpasste Schulchancen sind zu relativieren. Das Leben stellt dann seine eigenen Ansprüche. Spätzünder müssen sich den Erfolg im Beruf halt härter erarbeiten.

Der leichte Schulsack belastete Ogi schwer. Das auch oder erst recht als Bundesrat, zumindest am Anfang. Es ist noch nicht so lange her, seit er locker darüber reden kann: «Der nicht vorhandene Prüfungserfolg hat mir einen Knacks gegeben, der, rückblickend betrachtet, zum Grundstock meiner Laufbahn geworden ist.» Er hat sich ständig zu Bestleistungen angetrieben, um so den schulischen Rückstand aufzuholen, mehr noch, um seine geistige Fitness zu beweisen. Das beginnt mit dem Joggen, dem Vorsatz, jeden Tag besser zu werden. Der wohl erfolgreichste Trainer der Schweiz, Karl Frehsner, liefert dafür die Beschwörungsformel: «Wer aufhört, besser zu werden, hat aufgehört, gut zu sein.»

Die Hypothek des Musterschülersyndroms ist Ogi nie ganz losgeworden. Noch anfangs 2000 rechtfertigte er sich in der «Sonntags-Zeitung» für seine Rhetorik: «Mein Deutsch ist nicht so gut, dass ich nur mit der Ansprache wirken könnte. Das weiss ich.» Deshalb untermalt er seine Reden mit Symbolgesten. «Ich bin kein guter Germanist», fährt er fort. «Ich bin kein begnadeter Redner. Nur schon im Vergleich zum Zürcher Stadtpräsidenten (Josef Estermann) bin ich doch ein armseliger Berner Oberländer, der mit seiner Sprache Mühe hat.» Wer immer sich mit Josef Estermann misst, macht in der Regel Zweiter. An ihm muss man sich keinen Minderwertigkeitskomplex holen. Es ist ja auch nicht nötig, überall der Beste sein zu wollen. Wobei Josef Estermann nicht nur mit der Rhetorik glänzt, sondern mit seiner einmaligen Gabe, Inhalte geistreich und kunstvoll zu vermitteln. Er ist nicht nur Redner, sondern Künstler.

Im Folgenden geht es nicht darum, die Politik von Adolf Ogi zu werten – dies folgt später –, sondern Beispiele aufzuzeigen, wie andere ihn beurteilen.

Der bekannte Anwalt und Ehrenpräsident der Jüdischen Cultusgemeinde Zürich, Sigi Feigel, ist gefragt worden, worüber er sich im Jahr 2000 besonders gefreut habe: «Über die Entwicklung von Bundesrat Adolf Ogi. Wie dieser einfache Mann sich in all den Jahren zum anerkannten Staatsmann entwickelt hat, ist wunderbar.»

Alt SP-Nationalrat Andreas Gerwig, heute noch Anwalt in Basel, wurde am 9. Dezember 1987, nach der Wahl von Adolf Ogi zum Bundesrat, von Radio DRS nach seiner Meinung befragt. Natürlich ist er auf dessen Schulsack angesprochen worden. Der bildete für Gerwig kein Problem. Ogi verfüge über eine «freie Intelligenz», urteilte er. Schulwissen oder ein akademischer Titel seien keine Garantie, dass einer intelligent ist, erklärte der Basler Jurist dem Radiopublikum.

Seither sind dreizehn Jahre vergangen. Mich interessierte, wie Andreas Gerwig nach Ogis Rücktritt zu seinen damaligen Äusserungen steht, und weshalb er das akademische Studium als Akademiker auffallend kritisch beurteilte: «Eben, weil ich selber Akademiker bin, kenne ich meine Grenzen, kann ein Studium richtig einordnen. Mein Vater war Professor gewesen, klar, dass ich somit günstige schulische Rahmenbedingungen hatte. Ich weiss doch auch, wie viele «Dummköpfe» studieren können. Wenn ich heute über Ogis Bilanz als Bundesrat nachdenke, würde ich meine Einschätzung von 1987 wiederholen. Er hat sie bestätigt. Seine Fähigkeit, mühelos persönlich Kontakte herzustellen, ist vor allem im Ausland zum Tragen gekommen. Seine mit sportlichem Elan und persönlichem Charme praktizierte Diplomatie hat sich vom üblichen helvetischen Oberlehrergehabe angenehm abgesetzt. Ogi markierte neue Duftnoten. Sie haben der Schweiz gut getan.»

Ich sitze in einem Berner Restaurant, führe eines der Informationsgespräche für dieses Buch, als Wolf Linder an den Tisch kommt und mich anredet: «Du schreibst ein Buch über Ogi?» «Ja, das stimmt.» «Das finde ich toll. Weisst du, Ogi ist der erste Bundesrat, mit dem ich mich für meine Generation voll habe identifizieren können.» Das ist ein schönes Kompliment. Besonders, weil es von Wolf Linder kommt. Er ist schliesslich Professor für Politologie an der Universität Bern. Politik ist also sein Lehrfach, Politiker liefern ihm laufend Lehrstoff. Wolf Linder gehört der SP als Mitglied an und vertrat diese Partei einige Jahre im Grossen Rat des Kantons Thurgau.

Es gibt sie eben, die Aufsteiger aus dem so genannt einfachen Volk. Von Ernst Balzli, dem längst verstorbenen Lehrer und Schriftsteller, gibt es eine herrliche Geschichte. Balzli begegnete einem seiner Schüler, bei dem er im Rechnen auch dann, wenn er beide Augen zugedrückt hätte, nicht um eine ungenügende Note herumgekommen wäre. Der alte Lehrer fuhr mit einem VW, sein unbegabter Mathematiker im Mercedes. Natürlich interessierte sich Balzli dafür, was er jetzt mache: «Es geht mir gut. Ich handle mit Kisten. Der Gewinn ist nicht hoch, nur vier Prozent. Ich kaufe sie für einen Franken und verkaufe sie für fünf.»

Erfolg hat viele Mütter und Väter. Balzlis Schüler konnte zwar nicht rechnen, war aber ein erfolgreicher Händler. Paul Valéry brachte es auf den Punkt: «Die einzige Gewähr für das wirkliche Wissen ist das Können.»

Davon konnte ich mich im Herbst 2000 im Kloster Einsiedeln überzeugen. Eines der jüngeren Gebäude ist ungefähr 300 Jahre alt, da und dort hat sich die Mauer gesenkt und damit den Dachstock mitgezogen. Er ist etwas «schepps» geworden und muss saniert werden. Pater Matthäus ist der Beauftragte. Er wollte von Ingenieuren und sonstigen Fachleuten wissen, was zu tun sei. «Abreissen und neu aufbauen», lautete der Bescheid. Dagegen erhob der kleine Zimmermannmeister Fritz Naef aus dem Dorf Einspruch. Er kennt den Dachstock, hat schon oft Reparaturen ausgeführt, weiss, dass er ein paar hundert Tonnen wiegt, im Winter kommen noch mal 500 Tonnen Schnee dazu. Das Kloster schickte den Zimmermann zu einem welschen Professor, damit ihn dieser testen und als Fachmann beurteilen konnte. Der Bescheid des Fachgelehrten: «Gebt ihm den Auftrag, der kann das.»

Zusammen mit dem Klosterschmied und ein, zwei Mitarbeitern leitet Fritz Naef seit anderthalb Jahren das Sanierungswerk. Der Dachstock ist dreistöckig und von gewaltiger Dimension. «Dreihundertjähriges Holz», erklärt mir Fritz Naef, «verträgt nicht junges oder zu wenig lange gelagertes Holz. Wir aber müssen den Dachstock um das Zweieinhalbfache verstärken und brauchen dazu altes Holz.» Wo nehmen und nicht stehlen? Als «Lieferant» kam nur der Dachboden in Frage. Um ihn herausreissen zu können, einzelne Balken messen 27 Meter, entwickelte Naef mit dem Klosterschmied spezielle Werkzeuge, Winden und Klammern. Der Dachboden ist vollständig erneuert worden, mit dem alten Holz wird der Dachstock saniert. Das alles hoch über dem Kirchenschiff. Selten habe ich so gestaunt und bin so beeindruckt heimgefahren wie damals von Einsiedeln. Der Zimmermann hat das Wort von Paul Valéry bestätigt: «Das wirkliche Wissen ist das Können.»

Ein ganz anderes Kaliber ist Nicolas Hayek. Er dirigiert den grössten Uhrenkonzern der Welt. Ohne Übertreibung muss gesagt sein: Hayek hat die schweizerische Uhrenindustrie nicht nur vor dem Kollaps gerettet, er hat massgeblich mitgeholfen, sie wieder zur Nummer eins der Welt zu machen. Bevor er selber Unternehmer wurde, hat er solche beraten. Hayek beschäftigte in seiner Beraterfirma 350 Angestellte. Sie arbeiteten überall auf der Welt. Die Hälfte von ihnen waren gelernte Handwerker und sind versierte Experten geworden. «Wenn wir eine Unternehmung überprüfen und die Geschäftsleitung beraten sollen», erklärte mir Hayek mal, «brauche ich Fachleute, die mit Metall und Holz gearbeitet haben, die das Material kennen, fühlen, spüren. Diese Fähigkeit lernt man nur in der Praxis.» Hayek selber war ursprünglich Schlosser gewesen.

Ein etwas anderer Vergleich. Rudolf Friedrich ist ungefähr das absolute Gegenteil von Adolf Ogi. Er ist hoch gebildet, analysiert messerscharf, brilliert als Jurist. Trotzdem ist er als Bundesrat gescheitert. Er hat nach 22 Monaten das Handtuch geworfen und machte für seinen Rücktritt gesundheitliche Gründe geltend. Seither ist er offensichtlich wieder munter. Das Amt hatte ihn blockiert. In seiner Redlichkeit gab er es auf und versuchte nicht länger das Unmögliche. Friedrich verzeichnete die zweitkürzeste Amtszeit aller bisherigen Bundesräte.

Nationalrat Rudolf Friedrich ist Ende 1982 in den Bundesrat gewählt worden. Im Parlament hatte sich der Freisinnige im Ost-West-Konflikt als gnadenloser kalter Krieger profiliert. Er witterte hinter jedem Sozialdemokraten einen Sowjetspion. Die Rededuelle mit ihm fanden auf hohem intellektuellen Niveau und zugleich gelegentlich im primitivsten polemischen Jargon statt. Friedrich ist nie ein Mann der Wirtschaft gewesen. Gesellschafts- und aussenpolitisch ist er ein Liberaler. Als einer der wenigen FDP-Politiker hat er Christoph Blochers Politik durchschaut. Der ungewöhnliche und blitzgescheite Mann war im Bundesrat eine Fehlbesetzung. Willi Ritschard gab als Grund an, Friedrich sei wie ein einsamer Wolf, ohne Antenne und Sender, introvertiert und kommunikationsarm. Trotz einer komfortablen geistigen Ausstattung ist Friedrich als Bundesrat ein Nichtschwimmer gewesen.

Um Menschen beurteilen zu können, muss man sie kennen. Damit ist das so eine Sache. Im Volksmund heisst es nicht von ungefähr, man sehe nur an einen Menschen heran, nicht in ihn hinein. Da macht Ogi keine Ausnahme. Wer, wie er, seit Jahren auf der politischen Bühne auftritt, zeichnet mit den Reden, Gesten, Gefühlen und Reaktionen ein Selbstporträt. Er hat sich mit der Zeit mit allen seinen Facetten selber vorgestellt.

Adolf Ogis Ängste sind spürbar. Wer unentwegt den Mut zum Risiko und zu Grossem «predigt», wer den Optimismus derart verinnerlicht hat wie der einstige Kandersteger Bub, besiegt damit eigene Zweifel. Das ist überhaupt nichts Negatives, auch wenn der Philosoph Hans Saner die Kehrseite der «Ogi-Philosophie» aufzeigt. Wenn «Optimismus zur Pflicht wird», erkennt Saner darin den Abschied von der «provokativen Philosophie». Damit meint er eine «Lebensstimmung», in der sich «Verharmlosung und Gedankenlosigkeit ausbreiteten.»

Peter Bichsel flirtet mit dem Pessimismus, er findet den Daueroptimismus «grässlich». Sein Prinzip ist die Hoffnung. Sie entspricht seiner Meinung nach der real existierenden Wirklichkeit besser als die Lehre vom «ewigen» Optimismus. Bichsel ist Realist, kein Träumer.

Wir beklagen in der eidgenössischen Politik den grauen Alltag, weniger überbordende Zuversicht. Selten genug geschieht, was der deutsche CDU-Politiker Wolfgang Schäuble bekennt, nämlich, Politik mache Freude. Das sagt einer, der ein Attentat überstanden hat und seither an den Rollstuhl gebunden ist. Wenn ich daran denke, wie viele Politiker gerne leiden, ohne leiden zu müssen, den angeblichen Stress, die ach so schwere Verantwortung und den Undank der Leute beklagen, fällt der Optimist Adolf Ogi natürlich schon aus dem Rahmen. Seine überschwängliche Freude, angereichert mit viel Pathos und seligem Enthusiasmus, geht vielen auf den Wecker. Wahrscheinlich überwiegt der positive Effekt. Die ansteckende Lust, Probleme zu lösen, statt zu jammern, Chancen zu packen, statt vorbeiziehen zu lassen, tut gut. Griesgrämige politische Bedenkenträger gibt es genug, solche, die alle Lust als Last empfinden, aber wieder gewählt werden möchten. Da ist mir ein aufgestellter Ogi lieber.

Adolf Ogi hat die sportliche Mentalität auf die Politik übertragen. Es zählt nur der Erfolg. Wer mal Erster ist, hat Angst, Zweiter zu werden. Damit aber einer gewinnt, muss der andere verlieren. Zum Sport gehört auch die Niederlage. Verlieren ist wie gewinnen – nur umgekehrt. Ogi will und kann nicht gut verlieren. Er ist ein Überzeugungstäter: «Man muss nur daran glauben», versichert er, «dass man Probleme lösen kann. Dann kann man sie auch lösen.» Mit dem nötigen «Teamgeist werden Berge versetzt», tönt ein weiterer Glaubenssatz. Eine Nummer kleiner geht nicht. «Die Weltwoche» attestiert ihm «grenzenlosen Ehrgeiz», aber auch «eine ungewöhnliche soziale Intelligenz, eine Begabung, die er im internationalen Skizirkus zur Virtuosität gesteigert hatte: Menschenbeeinflussung über die Massenmedien.»

Was ist eigentlich Ehrgeiz? Die Macht des Willens, das berühmte Feu sacré, die Bereitschaft, für den Erfolg alles zu riskieren? Ich weiss keine Antwort. Hingegen ist klar, es gibt für den Ehrgeiz verschiedene «Stärkeklassen». Wer im Beruf, Sport, Verein, in der Politik oder wo auch immer zielorientiert handelt, entwickelt mehr oder weniger Ehrgeiz. Fritz Gerber, zuerst Direktions-, dann Verwaltungsratspräsident des Chemie-Multis Hoffmann La-Roche AG, wird kaum mit Beten in die Chefetage aufgerückt sein. Das ist in der Politik nicht anders.

Ehrgeiz hat Menschen, also halt auch Politiker, schon immer motiviert. Nicht immer mit Erfolg. Fehlt die Substanz, nützt alles nichts. Auch ein ehrgeiziger Ochse gibt kein Rindfleisch. Einen eher finsteren Ehrgeiz entwickelt die so genannte graue Eminenz, die aus dem Hintergrund die Fäden zieht und unkontrolliert Macht ausübt. Das war nie die Traumrolle von Ogi gewesen. Er braucht die öffentliche Kulisse.

Wenige Tage vor seinem Abgang als Bundesrat hat Ogi bei der Militärbibliothek seine geistige Hinterlassenschaft deponiert: 155 Bundesordner mit 2333 Reden aus 13 Jahren. Ich vermute, nachgefragt habe ich nicht, das sei neuer bundesrätlicher Redenrekord. Ohne diesen wäre Ogi noch nicht zurückgetreten. Moritz Leuenberger, um einen Vergleich zu haben, bringt es im Monat auf zwei mickrige Reden. Wenn er das Tempo beibehält und mit diesem Zweitakter weiterfahren will, wird er bei gleicher Amtsdauer wie Ogi ganze 312 Reden gehalten haben, 2021 weniger. Quelle catastrophe ...

Zuerst mal sind 2333 Reden in 13 Jahren, 15 jeden Monat, rein quantitativ eine enorme Anstrengung gewesen. Die wenigsten Ansprachen gingen direkt über den Bildschirm oder das Radio. Fast immer verband sich damit ein Anlass, an dem Ogi persönlich anwesend sein musste. Durch sein

Bundesratsdasein zieht sich eines wie ein roter Faden: Leistung um jeden Preis, bis Zum-geht-nicht-Mehr. Politik ist für ihn Doping. Er will mit jeder Rede «aufs Neue beweisen, dass ich's noch kann.»

Hat er 13 Jahre lang gelitten, an sich gezweifelt, ob «ich's noch kann»? Das würde nicht zu ihm passen. Der politische Hochleistungssportler braucht einfach die ständige Herausforderung. Das ist so im Sport, und diese Mentalität ist ihm eingeimpft worden. Mit jeder Rede hat er wieder gewonnen. Das ist sein rhetorisches Jogging. Ogi hat längst genügend Routine, keinerlei Schiss mehr vor einem verbalen Absturz zu verspüren. Er hat seinen Stil gefunden und weiss, dass er im Allgemeinen bei den Leuten ankommt. Aber er pflegt schon etwas die Rolle vom Bergbub, der es schwer gehabt und trotzdem so weit gebracht hat.

Es gehört zum alljährlichen Ritual, dass der abtretende Bundespräsident den Nachfolger zu seiner Feier begleitet und ihn würdigt. Das hat Adolf Ogi für Moritz Leuenberger natürlich auch getan. Die beiden sind ja nun wirklich das absolute Kontrastprogramm. Ogi liebt die Folklore, pflegt die eher heimatliche Kultur. «Der Bund» berichtet, wie Leuenbergers Feier ausgesehen hat: «Seine Wahlfeier am 7. Dezember 2000 in Zürich hat ein neues, selbstbewusster-urbanes Gesicht der Schweizer Regierung gezeigt. Im formellen Teil mit der Nationalhymne, gespielt vom Tonhalleorchester, ein Hauch von Klein-Versailles. In der Schiffbau-Theaterhalle dann eine brillante Schau von Zürcher Kultur mit internationalem Ruf. Viele Bürgerliche haben gestaunt, wie just ein Sozialdemokrat aus seinem Bekannten- und Freundeskreis die grossen Namen von Pereira über Franz Hohler bis Marthaler live auf seine Bühne zaubert.»

Aber auch diese Vorstellung scheint Adolf Ogi animiert zu haben. Die Wirtschaftszeitung «Cash» jedenfalls schreibt begeistert: «Bundespräsident Adolf Ogi traf mit seiner Rede, der besten des Abends, vielleicht der besten seines Präsidialjahres, mitten ins Herz seines Nachfolgers. Als Ogi von der Bühne kam, umarmten sich die ungleichen und sich frappant ergänzenden Bundesratskollegen 39 Sekunden lang und liessen gerührt Tränen fliessen.» Also, «er kann's», der Ogi.

Wenn Bundesrätin Elisabeth Kopp jeweils in einer Kommission des Nationalrates eine Gesetzesvorlage vertrat, glaubte sie, das hinterste Detail von Artikel 129, Ziffer 18, Buchstabe f auch noch kennen zu müssen. Das war gar nicht möglich. Also konsultierte sie den juristischen Sachbearbeiter, trug aber der Kommission dessen Antwort selber vor. Er kam kaum einmal zum Wort. Als erste Frau im Bundesrat lastete wohl der Druck auf ihr, alles selber wissen zu müssen, sich ja keine Blösse zu geben. Ein Bundesratsmitglied zeigt die grossen Linien auf, erklärt die politische Bedeutung einer Vorlage, überlässt am besten die Einzelheiten den Sachbearbeitern. Als Ogi das EMD übernahm, habe ich ihn von Anfang an in der Sicherheitspolitischen Kommission, früher Militärkommission, erlebt. Auf Fragen konnte er souverän einem Sachbearbeiter das Wort erteilen: «Das weiss ich nicht, er ist zuständig.»

Ich habe nur selten Bundesräte gekannt, die über ein umfassendes Wissen im Grossen und im Kleinen verfügten. Hans Peter Tschudi war so einer, Kurt Furgler ebenfalls.
 Wer, wie Ogi, jeden zweiten Tag eine Rede hielt, entlastete sich anderweitig. Seinem engeren Mitarbeiterstab hat er von Anfang an klare Weisungen erteilt: «Es gibt kaum ein Problem, das nicht auf ein bis zwei A4-Schreibmaschinenseiten skizziert und die Lösung, allenfalls in Varianten, vorgeschlagen werden kann.»
 Der Papieranfall aus dem Bundeshaus ist für Parlamentarier enorm. «Kurzfutter» ist selten, umfangreiche Berichte, Studien und Vorlagen gehören zum täglichen «Brot». Ogis Anordnung zur Kürze darf ruhig als sympathischer Beitrag gegen den übermässigen Papierkrieg gewertet werden. Die Kurzfassung zwingt den Mitarbeiter zu zusätzlicher Denk-

arbeit. Es ist sehr viel anforderungsreicher, ein kompliziertes Problem konzentriert darzustellen, statt es ausführlich und langfädig zu beschreiben.

So sehr zu begrüssen ist, wenn behördlicher Lesestoff gestrafft, damit Ballast abgebaut wird, darf daraus keine «Religion» gemacht werden. Kürze ist nicht das einzige Gütezeichen. Dafür gibt es Beispiele. In der eidgenössischen Politik geht es meistens nicht um grosse Entwürfe. In der Regel wird eine fein austarierte Kompromisslösung angestrebt. Da spielt das Detail oft eine entscheidende Rolle. Das aber kann in einem telegrammartigen Kurztext untergehen.

Wer dauernd unter Hochspannung steht, sich grosse Ziele steckt, möchte nicht beständig nur kleine Schritte, sondern auch mal einen Sprung machen. Die innere Ungeduld verführt dann gelegentlich zum Übermut. Im Nachhinein melden sich Denkfehler zurück. Die als historisch registrierte Abstimmung vom 6. Dezember 1992 ist als verpasste Gelegenheit einer einmalig grossen Chance in die Geschichte eingegangen. Gemeint ist der EWR-Vertrag mit der EU. Er hätte uns zum EU-Binnenmarkt zugelassen, ohne EU-Mitglied werden zu müssen. Nach sieben Jahren Verhandlungsmarathon ist mit den bilateralen Verträgen die zweitbeste Lösung zu Stande gekommen. Das ist das gleiche Menü ohne Vorspeise und Dessert, dafür teurer.

Der EWR sei bloss das «Trainingslager für die EU», jubilierte Adolf Ogi im Vorfeld der Abstimmung. Das war ein kolossaler Ausrutscher. Einer aus dem Ogi-Boy-Stall erfand diese süffige Formel, die nun aber auf der einen A4-Schreibmaschinenseite halt wirklich zu kurz geraten war. Der fatale Versprecher leitete Wasser auf die Mühlen der EWR-Gegner. Das ist ja das Paradoxe: Glühende Verfechter des EWR-Vertrages fabrizierten Schnitzer zu Gunsten der Gegenseite. Diese profitierte davon und fabrizierte aus dem EWR-Vertrag eine Rutschbahn in die EU. Es gehe gar nicht um den EWR, behaupteten sie, sondern um den Beitritt in die EU. So geriet die Abstimmung in Schieflage. Es wäre natürlich oberflächlich, zu behaupten, das «Trainingslager» habe in die Niederlage geführt. Das könnte niemand beweisen. Aber hilfreich war es bestimmt nicht, eher ein Beitrag zur politischen Verwirrung.

Wie schafft einer überhaupt 180 Reden im Jahr? Dies neben all der anderen Arbeit?

Deutsche Minister lassen ihre Reden, Zeitungsartikel, Parlamentsvoten und Bücher schreiben. Sie beschäftigen dafür so genannte Ghostwriter. So wie ein Koch das Essen zubereitet, schreiben Ghostwriter für ihre Auftraggeber. Das ist in der politischen Welt gang und gäbe. Ghostwriter fantasieren ja nicht in einer ihnen völlig unvertrauten Umgebung herum. Sie kennen die Intentionen des «Kunden», pflegen mit ihm ein Vertrauensverhältnis, besprechen mit ihm die allgemeine Richtung, schlüpfen mit der Zeit sozusagen in seine Haut. Indem der Auftraggeber das Geschriebene adoptiert, ist es seine Rede. Natürlich hat er sie vorher durchgearbeitet und ein paar eigene Akzente beigefügt. Die Hauptarbeit hat der Ghostwriter geleistet, und der Chef steht dafür gerade.

Jeder pflegt seinen eigenen Stil. Flavio Cotti zum Beispiel jagte seine Mitarbeiter regelmässig die Wände hoch. Seine fast schon boshafte Spezialität war es, eine Rede, zum Beispiel für eine Pressekonferenz, in letzter Minute zu verlangen, so dass der oder die Mitarbeiter wieder mal über ihr freies Wochenende büffeln «durften». Pflichtbewusst lieferten sie den Text am Montag ab. Sofort kamen dann die Übersetzer dran. Im Tempo Teufel leisteten sie Überstunden und übersetzten ins Französische und Italienische. Dann passierte ein paar Tage nichts. Dem Auftraggeber pressierte es auf einmal nicht mehr. Schikane Nummer zwei: Das Ganze noch einmal. Der Text müsse, befahl der Bundesrat, völlig überarbeitet werden. Natürlich erneut in Rekordzeit. Der Clou folgte, wie immer, am Schluss: Bundesrat Cotti sagte die Pressekonferenz ab.

Jean Ziegler, das enfant terrible der schweizerischen Politszene, ist ein international bekannter Autor. Ich habe ihn oft während einer Nationalratssession beobachtet, wie er in der Wandelhalle an einem Buchmanuskript schaffte. Ziegler schreibt von Hand. Eine Sekretärin tippt es dann mit dem Computer ins Reine, Ziegler überarbeitet die zweite Fassung, die auch die druckreife ist.

Peter Bichsel schreibt seine Kolumnen im Zug. Er hat den kleinen Computer bei sich, geniesst die Ambiance in der Eisenbahn, ihr Schienengeräusch, die Flüsterkulisse der Mitfahrenden, den Eisenbahn-«Stahlgeruch». Bichsel hält die Stille nicht aus, andere brauchen sie. «Ich will nicht an der Einsamkeit ersticken», sagt er. Es ist zweifellos einer der originellsten Einfälle, die Schreibstube in den fahrenden Zug zu verlegen.

Bundesrat Willi Ritschard war ein Frühaufsteher. Um sechs Uhr sass er bereits im Büro. Warum so früh, erkundigte sich sein Arzt. «Weil ich von sechs bis halb acht an einer Rede arbeiten kann, nachher komme ich nicht mehr dazu.» Das beruhigte den Mediziner überhaupt nicht. Er wusste, dass sein Patient erst um Mitternacht oder noch später schlafen ging. Nur vier, fünf Stunden Nachtruhe aber hält auf Dauer auch das stärkste Ross nicht aus. Aber Ritschard feilte weiterhin frühmorgens an seinen herrlichen Wortspielen. Eines als Bonbon: «Die Schweizer stehen früh auf, aber sie erwachen spät.»

2333 Reden in 13 Jahren – so viel haben früher alle sieben Bundesräte in zehn Jahren nicht zusammengeplaudert. Ogi hat die Reden nicht selber geschrieben. Das wäre unter keinem Titel möglich gewesen. Er brauchte Hofschreiber, wie man früher am Königshof sagte. Heute sind das eben, natürlich auf Englisch, die Ghostwriter. Diesen Service soigné schätzte Ogi schon als Parteipräsident der SVP. Sein Vordenker und Redenschreiber war damals Max Friedli, Generalsekretär der Partei, jetzt Direktor im Bundesamt für Verkehr. Die beiden lüfteten die antiquierte SVP gehörig durch und brachten Schwung in «die Bude». Ogi und Friedli bildeten ein starkes Duo. Später, im Bundesdienst, litt das Verhältnis.

Ogis Redenmarathon ist Teil seiner Erfolgsstory. Wer Spitzensport treibt, muss Druck aushalten. Eine Fussballelf, die entweder den Meistertitel holen oder den Abstieg abwenden sollte, steht gewaltig unter Leistungsdruck. Geht ein wichtiger Match verloren, höre und lese ich immer wieder, die Spieler seien halt dem Erwartungsdruck nicht gewachsen gewesen. Das passiert Ogi nicht. Er will den Erfolg, beim Joggen und beim Reden. Seine Konditionierung dafür stimmt. Allerdings hat die Erfolgssucht ihren Preis. Der weltberühmte Musical-Komponist Irving Berlin nennt ihn: «Das Schlimmste am Erfolg ist, dass du auch weiterhin Erfolg haben musst, um erfolgreich zu sein.»

Adolf Ogi will mehr als «nur» Erfolg. Es müssen Rekorde her. Kein Bundespräsident hat so viele Auslandreisen absolviert wie er. Und, wie schon erwähnt, den Mengenrekord bei Reden hält er ebenfalls. Wer dahinter reine Geltungssucht vermutet, liegt schräg, auch wenn diese wie bei jedem Politiker eine Rolle spielt. Beim einen mehr, beim anderen weniger. Für Ogi würde ich auf «mehr» setzen. Triebfeder seines unermüdlichen Tuns aber ist das ungeheure Engagement, ist, wenn Sie so wollen, seine Mission: Das Volk aufzurütteln, es aus der vermeintlichen oder tatsächlichen Lethargie zu wecken, ihm Perspektiven aufzuzeigen und so den Glauben an die Schweiz zu stärken.

Wären Ogis Reden eine gewöhnliche Handelsware gewesen, hätte er Mengenrabatt bekommen. Nicht jede Rede war wichtig. Da mischte sich Banales zu Bedeutendem, schwere Kost zu leichter, Durchschnitt zu Spitzenleistung. Adolf Ogi hat rhetorische Konfektion wie Massanzüge vorgeführt. Er hätte sie ruhig häufiger wechseln dürfen. Gelegentlich wirkte er wie ein Wanderprediger mit seiner Erweckungsbotschaft. Umgekehrt ist allerdings erwiesen, dass die Leute nur zu überzeugen sind, wenn man ihnen die Botschaft ständig wiederholt, sie in die Köpfe «hämmert». Das hat Ogi getan, 13 Jahre lang.

Was sagen Kinder zu einem Bundesrat? In der Wirtschaftszeitung «Cash» wurden 1992 Aussagen über Adolf Ogi von Erst- und Zweitklässlern aus dem Berner Dorf Ursenbach zitiert:

Thomas: «Von den sieben Bundesräten kenne ich vier – Ogi, Bush, Minder und Stich.»

Nicolas: «Ogi sorgt für genügend Fische und dass keine Goldfische gefangen werden, nur die grauen Fische.»

Laura: «Bundesrat wird man in der Bundesratsschule.»

Gisela: «Wenn ich Bundesrat Ogi wäre, würde ich jeden Tag mindestens einen grossen Coupe Dänemark essen. Und dann würde ich aufpassen, dass einige Jahre lang keine Hasen mehr geschossen werden. Es hat nämlich in unseren Wäldern fast keine mehr.»

Nicole: «Bundesrat Ogi muss schauen, dass alle Leute immer genug zu essen haben und dass niemand in unserem Land krank wird.»

Damaris: «Ogi ist immer beschäftigt. Er muss überall Orte suchen, um neue Häuser aufzustellen. Und dann muss er auch befehlen, dass weniger Wasser verbraucht wird, sonst wird nämlich das Reservoir leer und dann haben wir plötzlich nichts mehr zu trinken.»

2. Der Chef

Bundesrat Ogi hat seinen Chefbeamten gleich zu Beginn klar gemacht, wie er zu arbeiten gedenke: «Wir spielen im Team. Sie buchen die Assists, die Tore aber schiesst – politisch betrachtet – der Departementschef.» So redet kein Stubengelehrter, sondern ein in der Praxis geschulter und selbstbewusster Mann. Im Ogi-Departement stand fest: Das Team schuftet für den Chef.

Er habe immer gerne Führungsaufgaben übernommen, meint Ogi. Vorne lebt sich halt angenehmer. Beim Skifahren trennen Zehntelsekunden zwischen Sieg und Niederlage. An der Tour-de-France fahren alle die gleiche Strecke, der Erste und der Letzte. Aber im Leadertrikot pedalt es sich leichter. Vordermann zu sein, das hat Ogi schon als junger Mann begriffen, verschafft Einfluss und Macht. Deshalb strebte er immer die Chefetage an – zuerst im Skiverband, dann in der Partei, schliesslich als Bundesrat.

Der Kandersteger pflegt einen autoritär-kollegialen Stil. Dabei wird in den oberen Kreisen das Wort Macht am liebsten nur ganz verschämt erwähnt. Niemand will so recht dazu stehen. Sogar Konzernchefs von Welt-Multis beantworten die Frage, wie sie denn mit ihrer Macht umgingen, mit auffälliger Bescheidenheit, nämlich, sie hätten gar keine. In dieser Selbstlosigkeit gefallen sich auch die meisten Bundesräte. «Was heisst Macht?» fragt der eine scheinheilig. «Nein, über Macht verfüge ich nicht, vielleicht habe ich Einfluss», relativiert der andere. Willi Ritschard hatte dieses Blinde-Kuh-Spiel auf die Spitze getrieben. Unter dem frenetischen Beifall der Delegierten beschwor er den SPS-Parteitag: «Das Volk ist die Regierung, nicht der Bundesrat.» Dieses Volk nahm ihn dann beim Wort. Am 2. April 1975 war das Gelände für das damals geplante Atomkraftwerk in Kaiseraugst besetzt und damit der Baubeginn verunmöglicht worden. Ritschards Spruch, «das Volk ist die Regierung», grüsste mit grossen Buchstaben auf einem Transparent.

Willi Ritschard, der Vollständigkeit halber sei es erwähnt, fand den Rank und nahm mit den Besetzern den Dialog auf. Daraus entstanden Fachgespräche auf der Expertenebene. Sie waren der Anfang vom Ende für das Atomkraftwerk Kaiseraugst.

Ob nun politische Macht verschwiegen, nur heimlich oder gar nicht ausgeübt wird, Ogi jedenfalls ist nicht Bundesrat geworden, um seine Ohn-Macht zu demonstrieren. Er ist nicht oben angekommen, um sich zurückzulehnen, sondern um etwas zu bewegen, wie er sagt. Da ist es eigentlich gleichgültig, ob man sagt, ein Bundesrat habe Einfluss, Ansehen, Bedeutung oder eben Macht, entscheidend ist, wie er die Chance umsetzt.

Winston Churchill versuchte mit einer eher ungewohnten Art, die wir als unterkühlte englische Ironie schätzen gelernt haben, Kriterien für Politiker herauszufinden: «Zu einem guten Politiker gehören die Haut eines Nilpferds, das Gedächtnis eines Elefanten, die Geduld eines Bibers, das Herz eines Löwen, der Magen des Vogels Strauss und der Humor einer Krähe. Diese Eigenschaften sind allerdings noch nichts wert ohne die Sturheit eines Maulesels.»

Der Sturheit eines Maulesels, um beim Bild Churchills zu bleiben, wird Ogi gerecht. Was er sich zum Ziel gesetzt hat, will er erreichen und gibt nicht auf. Da war zuerst seine Karriere: Im Sport, in der Partei, in der Bundespolitik. Überall fiel er als Schnellstarter auf. Kaum angetreten, übernahm er den Chefsessel. Dafür braucht es neben den Fähigkeiten das richtige Timing, den nötigen Ehrgeiz sowie Sturheit, man könnte etwas gediegener auch Hartnäckigkeit oder

Durchsetzungsvermögen sagen. Ist das Ziel erreicht, spielt er nicht nur den Chef, er ist es.

Ist ein guter Chef ein «Lieber»? Einer, der von seinen Leuten viel verlangt oder noch mehr? In der «Financial Times Deutschland» ist darüber ein passender Artikel mit Titel erschienen: «Wer will schon einen netten Chef?» Aus den nicht ganz todernsten Überlegungen seien ein paar Passagen zitiert:

«Deutsche Arbeitnehmer halten wenig von ihren Chefs: Die Vorgesetzten ertrügen keine Kritik, könnten nicht motivieren und seien nicht selbstkritisch. Das ergab eine Umfrage der Universität Hamburg.

Schnickschnack. Als ob irgendwer Chef geworden wäre, weil er sich ausgiebig darum geschert hat, was die anderen von ihm halten. Oder weil er sich ständig den Kopf darüber zerbrochen hätte, wie er dumpfe und schläfrige Mitarbeiter freundlich zu Hochleistungssportlern wandeln könnte. Oder weil er von permanenten Selbstzweifeln geplagt worden wäre, die ihn am Ende ganz nach oben gebracht haben.

Nein, Chef wird man gerade, weil man alle diese Eigenschaften nicht hat. Nur wer durchsetzungsfähig, zielstrebig und selbstbewusst ist, wird Chef. Und warum sollte jemand diese Eigenschaften, die ihn so weit gebracht haben, ablegen, wenn er in dem grossen Sessel Platz genommen hat? Nur weil ein paar Seelchen herumgreinen, dass sie nicht motiviert werden?

Würden sich die Chefs auf diesen Zirkus einlassen, würden sie bald gefeuert. Zu Recht. Denn Chefs sind nicht dazu da, um uns glücklich zu machen. Im Gegenteil, sie sollen dafür sorgen, dass der Laden läuft. Und das ist nun mal leider in aller Regel mit viel Arbeit verbunden. Auch mit viel unangenehmer Arbeit, die gerade dann erledigt werden muss, wenn uns überhaupt nicht danach ist und wir viel lieber motiviert würden. Doch motivieren müssen wir uns selbst. Schliesslich werden wir nicht dafür bezahlt, unmotiviert, unkreativ und faul herumzusitzen, bis jemand kommt, der uns von diesem Schicksal erlöst. Motivation ist keine Bringschuld des Chefs, sondern eine der Mitarbeiter. Wer darüber jammert, ist im Kopf schon in Rente.»

Die «Neue Zürcher Zeitung» hat ihre anfängliche Skepsis gegenüber Ogi aufgegeben und fünf Jahre nach der Wahl ein Loblied angestimmt: «Ogis Führungsgrundsätze für sein Departement sind gewiss nicht zufällig mit den Worten von Robert NcNamara überschrieben, wonach Management die Kunst sei, Talente richtig einzusetzen. Er selber sieht in seinem ‹Gschpüri› eine der Triebfedern seines erstaunlichen Erfolges, verweist aber auch auf den glücklichen Stern, unter dem sein Wirken stehe, und vergisst nicht seinen Willen, der es ihm erlaubt, eine einmal gewählte Linie ‹pickelhart› zu verfolgen. Bei aller Härte kämpft der Berner Oberländer aber mit offenem Visier. Auch ‹Fairplay› hat er im Sport gelernt.»

Zum Politikerprofil gehört nach Churchill auch die Geduld eines Bibers. Hier gilt es zu differenzieren. Die Langzeitgeduld ist eine Stärke von Ogi. Sie gehört zur Erfolgsstrategie, das einmal gesteckte Ziel auch zu erreichen. Seine Geduld im alltäglichen Geschäft hingegen würde ich ausklammern. Aufträge, die er an seine Mitarbeiter erteilt, sollten lieber schon heute als erst morgen erledigt werden.

Es wäre masslos übertrieben zu behaupten, Ogi verfüge über die Haut eines Nilpferdes. Er ist dünnhäutig, nicht dickhäutig. Kritik geht ihm unter die Haut, prallt nicht einfach ab. Er bezieht sie zu sehr auf sich persönlich und empfindet sie als Misstrauen. Das erschwert den Sachdialog mit ihm, belastet Konflikte in Sachfragen, bei denen die bestmögliche Lösung gesucht werden muss. Mit seiner Art hat er und macht er es sich schwer.

Militärisch und rüstungstechnische Vorhaben werden in der Geschäftsleitung des VBS, früher EMD, diskutiert. Ihr gehören auch die Korpskommandanten, die «Generäle», an. Als Departementschef habe Ogi jeweils als Erster seine Position markiert. Natürlich tat er das, um die Richtung anzugeben. Danach sei es für die Militärs relativ schwierig gewesen, nötigenfalls eine andere Auffassung zu vertreten und, andererseits, habe auch der Chef Mühe gehabt, sie zu übernehmen. Kaspar Villiger sei als EMD-Chef umgekehrt vorgegangen. Er habe zugehört und erst am Schluss geredet. Die Militärs konnten unbelastet argumentieren, der Chef behielt sich trotzdem den endgültigen Entscheid vor.

Das sind zwei unterschiedliche Gesprächskulturen. Es werden beide praktiziert, auch in der Wirtschaft. Wer den Ton von Anfang an vorgibt, will stärker führen, wer zuerst zuhört, regiert kooperativer. Als ich Mitte der achtziger Jahre Niklaus Senn, damals Direktionspräsident der Schweizerischen Bankgesellschaft, fragte, wie denn in der Generaldirektion der grössten Schweizer Bank diskutiert werde, verblüffte mich seine Antwort. Es gehe um die Sache, nicht um persönliche Empfindlichkeiten, also sage jeder offen seine Meinung. «Wir wollen die beste Lösung», meinte er kurz und bündig.

Je nach Chef kann es riskant sein, die andere Meinung zu vertreten. Mich dünkt, Ogi sei in den letzten Jahren gegen Kritik etwas resistenter geworden. Wahrscheinlich haben ihn Erfolge und Routine ruhiger gemacht. Die «souveräne Gelassenheit», die er sich stets selber verschrieben hat, scheint er allerdings nach wie vor nur mit Mühe ausspielen zu können. Sein inneres Gleichgewicht aber hat sich zweifellos stabilisiert. Vielleicht auch, weil er das Wort von William Fulbright, berühmt gewesener amerikanischer Senator, adaptiert hat: «In einer Demokratie ist eine abweichende Meinung ein Akt des Vertrauens.»

Churchill zählte auch das Gedächtnis eines Elefanten zu seinen Prioritäten. Ogi wird ein solches gutgeschrieben. Gedächtnisakrobaten können grausam sein. Nie vergessen sie etwas. Eine Vorstellung, die mir unheimlich wäre. Was habe ich nicht schon alles vergessen – Bosheiten, Niederlagen, Enttäuschungen oder sonstwie Unangenehmes. Viel Ballast, der mich nur belastet hätte, ist so weg. Von Ogi heisst es, er vergesse nicht, wer ihm Gutes getan, ihn beleidigt oder enttäuscht habe. Seine engsten Mitarbeiter hat er schon beim ersten Kaderrapport «aufgeklärt»: «Ich schenke Ihnen mein ganzes Vertrauen, und Sie haben es so lange, bis Sie mich enttäuscht haben.» Eine Liebeserklärung würde ich das nicht nennen, schon eher eine Drohung im Sinne: Wehe, wenn ... die Folgen könnten schrecklich sein.

Im Leben gibt es bekanntlich Zufälle. Ogis bundesrätlicher Intimfeind Otto Stich hat auch ein gefürchtetes Computergedächtnis. Das ist aber so ziemlich das Einzige, was die beiden verbindet.

Ogi ist ein aufmerksamer Chef. Wer in seinem engeren Umfeld arbeitet, feiert keinen Geburtstag ohne Kartengruss vom Chef, für Frauen inklusive Blumenstrauss.

Das Jahr 1994 war für die SBB ein trauriges Jahr. Es passierten zu viele Unfälle. Als aus Lausanne ein schlimmes Unglück gemeldet wurde, rief Ogi als Departementsvorsteher den damaligen Direktionspräsidenten der SBB, Benedikt Weibel, an. Dieser erwartete eigentlich einen Rüffel, statt dessen erkundigte sich Ogi nach seiner Befindlichkeit, sprach ihm Mut zu, die Durststrecke durchzustehen. Nach einer Pechsträhne kämen auch wieder bessere Zeiten, verabschiedete sich der Bundesrat. Solche Gesten sind wohltuend, ich spürte das, als mir Weibel das Aufstellertelefon geschildert hat. Jeder, und mag er noch so weit oben in der Verantwortung stehen, braucht Streicheleinheiten.

Adolf Ogi reiste im Jahr 2000 als Bundespräsident in die «Freie und Hansestadt Hamburg», so die genaue Ortsbezeichnung. Nach dem Protokoll der Bundesrepublik Deutschland gilt der schweizerische Bundespräsident als Staatspräsident seines Landes. Dafür gibt es eine festgelegte Zuteilung für den motorisierten Begleittross: zwei Autos, fünf Motorradfahrer. Bevor sich Ogi am Bahnhof von den Fahrern verabschiedete, überreichte er jedem ein Militärsackmesser. Die Überraschung sei «gewaltig» gewesen, erzählte mir ein Zeuge. «Das haben wir noch nie erlebt», so ein Fahrer, «sonst bekommen nur die Oberen Geschenke, aber doch nicht wir.»

Die Geschichte mit den Osterhasen ist verbürgt. Auf Ogis Reiseprogramm stand in der Zeit vor Ostern ein Besuch in Moskau. Geflogen wurde mit dem bundesratseigenen Jet ab Flughafen Bern-Belpmoos. Flughafen ist für diese Kurzpiste allerdings eine masslose Übertreibung. Als der Pressechef von Ogi seinen Koffer im Flugzeug verstauen wollte, geriet er ins Staunen. Die Maschine war voll mit Cartonschachteln beladen. Später erfuhr er, warum. Sein Chef hatte für das gesamte Personal der Schweizerischen Botschaft, 35 bis 40 Leute, Osterhasen mitgenommen. Und zwar für alle – den in der Hierarchie Kleinsten und Höchsten.

Der Bürgerkrieg in Bosnien ist für uns längst Vergangenheit. Knapp können wir uns noch daran erinnern, als Sarajewo eingekesselt und ununterbrochen von der serbischen Luftwaffe bombardiert und von der Artillerie beschossen worden war. Die Bilder kommen zurück und wir sehen vor uns, wie dort Menschen ständig um ihr Leben bangten und rannten.

Ogi besuchte 1997 die Stadt Sarajewo. Schweizerische Gelbmützen-Soldaten waren dort als Friedenshelfer stationiert. Und was brachte der Bundesrat mit? Mars-Schoggiriegel. Er nahm einfach eine Schachtel voll unter den Arm und verteilte sie. Er habe sich dafür geschämt, erzählte mir ein Begleiter. Ihm sei das vorgekommen wie ein Missionar im 19. Jahrhundert, der den «Negern» in Afrika, wie damals die Schwarzen genannt wurden, Nettigkeiten mitgebracht habe. Falsch. Die Missionare reisten mit der Bibel in der einen und dem Gewehr in der anderen Hand. Ohne Schoggiriegel. Eher mit geschäftstüchtigen Kaufleuten im Schlepptau.

Nun lässt sich, wie über alles, auch über solche Gesten streiten. Mir gefallen sie. In Ogi steckt noch immer der Bergbub aus Kandersteg. Arm ist er nicht aufgewachsen, nein, sondern in geordneten Familienverhältnissen. Der Vater war seine wichtigste Bezugsperson gewesen. Ein Bergbub erlebt die Natur, ihre Schönheit, Gefahren und Härte für die Menschen intensiver als ein Stadtkind. Wenn später dieser Bergbub nach Sarajewo reist, bringt er halt etwas mit, auch wenn er längst Bundesrat geworden ist. Den Menschen dort wird er in herzlicherer Erinnerung sein als der fremde Staatsgast, der nur schöne Worte zurückgelassen hat.

Zuerst führte Ogi das Verkehrs- und Energiewirtschaftsdepartement. Immer im Januar wurde die ganze Belegschaft in den «Kornhauskeller» eingeladen, in Bern als «Chübu» bekannt. Der «Chübu» ist ein Restaurant mit ein paar hundert Plätzen. Früher hatte er zu den Touristenattraktionen der Bundesstadt gehört. Unzählige Soldatenjahrgänge, die in der Kaserne Bern ihre Rekrutenschulen oder Kurse absolviert haben, kennen ihn. Die Kulisse war imposant: Vor einem riesengrossen Bierfass spielte eine Volksmusik-Kapelle, wurde gutes Bier ausgeschenkt und herrschte gerne ausgelassene Stimmung. Der «Chübu» ist modernisiert worden, aber eine besondere «Beiz» geblieben.

Ogi hat seine Leute nicht primär wegen des Essens eingeladen. Für ihn zählt speziell das Zusammensein, die Geselligkeit, der erhoffte oder spürbare Teamgeist. Der Sport hat ihn gelehrt, wie hilfreich solche Kameradschaftsanlässe sein können. Im Bundeshaus ist eine solche Klimaverbesserung noch längst keine Selbstverständlichkeit.

Wer den Inseratenteil in den Zeitungen liest, stösst immer wieder auf angebotene Managementkurse und Seminare. Das Angebot könnte darauf schliessen lassen, dass in manchen Firmen die Klimaanlage besser funktioniert als das Betriebsklima.

Bundesräte sind eher in Ausnahmefällen professionelle Manager. Personalführung gehört vielfach nicht zu ihrer Stärke. Mit Talent und gutem Willen wird es gehen. Einige schaffen es nicht. Sie behandeln ihr Personal wie Pferde, die ständig mit der Peitsche angetrieben werden müssen. Die Uhr ersetzt die Peitsche. Das heisst, Sachbearbeiter werden zu allen möglichen und vor allem zu allen unmöglichen Zeiten aufgeboten, mit Vorliebe in ihrer Freizeit. Soweit ich das Geschehen im Bundeshaus überblicke, lässt sich im jetzigen Bundesratsteam kein solcher Schleifer ausmachen.

Trainingslager werden im Sport durchgeführt, um Kondition zu büffeln, die Technik zu feilen, die gute Stimmung zu fördern. Ogi hat die Idee übernommen. Jeden Herbst lud er aus seinem Departement 70 bis 90 Verantwortliche zum Kaderseminar in Kandersteg ein. Das Kaderseminar ist das politische Trainingslager, nicht zu verwechseln mit einem Ferienlager.

In der Militärbibliothek sind die Unterlagen von sämtlichen Seminaren archiviert. Das Referentenaufgebot ist erstaunlich. Es hat viele bekannte Namen aus Wirtschaft, Kultur, Wissenschaft und Politik darunter, Bürgerliche und Linke, Etablierte und Querköpfe, Kritische und Konventionelle, Arrivierte und Aufstrebende. Gesucht worden ist nicht die Selbstbestätigung, sondern die Auseinandersetzung, der Dialog, der neue Denkansatz, das kontradiktorische Podium. Der Departementschef selber hat sich in diesen Tagen zurückgenommen, hörte zu, begrüsste die Kursteilnehmer recht kurz und sagte ihnen adieu, mehr kaum. Beim Ausgang drückte er jedem einen Kandersteger Stein in die Hand.

Ich machte beim Seminar von 1993 als einer der vielen Gastreferenten mit. Bei dieser Gelegenheit ertappte ich Ogi bei einer liebenswürdigen Schwäche.

Als ich im Hotel eintraf, war der Kurs bereits in vollem Gang. Ogi schilderte mir knapp den bisherigen Verlauf und schwärmte dann vom «Überraschungsgast». Ein solcher werde immer für den letzten Kurstag eingeladen, erzählte er mir. Dieses Jahr habe er einen besonders interessanten, ja berühmten Mann gewinnen können. Er tat sehr geheimnisvoll, könne nicht sagen, wer es sei, «alles ist streng vertraulich.» Das Schweigen bereitete ihm Mühe, es «verjagte» ihn fast vor Stolz, offensichtlich einen ungewöhnlichen Überraschungsgast engagiert zu haben. Natürlich hatte ich keine Ahnung, wer da erscheinen werde, war mir aber zumindest sicher, der Papst würde es nicht sein. Ogi verriet mir dann schliesslich doch noch das Dienstgeheimnis, nicht ohne zu betonen «streng vertraulich», und mich dabei streng anzuschauen: Antonio Di Pietro, der berühmt gewordene Staatsanwalt aus Mailand sei es. Sein Markenzeichen bildeten die «mani puliti», die sauberen Hände.

Das Parteienestablishment von Italien, und zwar von links bis rechts, von Guliano Andreotti bis Bettino Craxi, war mit der Mafia verfilzt, pfiff auf Recht und Gesetz, unterhöhlte den Staat und korrumpierte ihn wie sich. Staatsanwalt Antonio Di Pietro nahm den Kampf gegen diese korrupte Bande auf, machte sich einen Namen als gnadenloser Ankläger, wurde zum Saubermann und Hoffnungsträger für das Land in seiner schwersten Krise. Hohe und höchste Politiker landeten in Untersuchungshaft, Antonio Di Pietro scheute vor keinen «hohen Tieren» zurück. Er war der Held, die ganze Welt bewunderte den furchtlosen Juristen. Natürlich war es eine Sensation, ihn nach Kandersteg gebracht zu haben.

Geheimnisse sind dazu da, um ausgeplaudert zu werden. Wo sonst bliebe der Reiz? Noch mit der Bitte im Ohr, «ja niemandem etwas zu sagen», fuhr ich abends mit zum Nachtessen am Blausee. Ich sass an einem Zwölfertisch. Und siehe: Jeder wusste, wer morgen der so genannte Überraschungsgast sein würde. Jedem ist wie mir ans Herz gelegt worden, «es für sich zu behalten».

Wir waren alle auf den Italiener gespannt. Er enttäuschte nicht. Es war eine Sternstunde. Weil niemand ausser den Kursteilnehmern davon etwas erfahren sollte, tauchte im Dorf selbstverständlich der benachrichtigte Journalist auf. Wie sonst wäre der «SonntagsBlick» zu seiner Exklusivstory gekommen – mit Bild, versteht sich.

Der «geheime» Abstecher des Mailänder Starjuristen ins Berner Oberland löste im Bundeshaus nachträglich Irritationen, besser gesagt, ein Kompetenzgerangel aus. Für Visiten von fremden Staatsgästen gibt es das so genannte Protokoll. Darin ist festgeschrieben, wer wie und von wem empfangen wird. Antonio Di Pietro war offizieller Gast bei Ogi gewesen. Der zuständige schweizerische Justizminister hätte daher die Gelegenheit erhalten sollen, ihn begrüssen zu dürfen. Statt dessen war Bundesrat Arnold Koller über den Besuch weder informiert, geschweige denn konsultiert, sondern völlig übergangen worden. Das wurmte ihn verständlicherweise. Der sonst friedfertige Arnold Koller, bekannter als Noldi Koller, behielt seinen Ärger nicht für sich. Es kam zu einer klärenden Aussprache. Damit konnte die Störung in der Leitung zu Ogi behoben werden.

Auch hintendrein rühmen Beteiligte die Kadertreffen in Kandersteg. Das Referentenaufgebot beeindruckte alle, ebenso die lockere Atmosphäre. «Ich habe jedes Mal davon profitiert, habe viel gelernt und bin bereichert heimgegangen», sagte mir Benedikt Weibel, Direktionspräsident der SBB. «Die Weltwoche» hat für den intellektuellen Wiederholungskurs für Ogis Mannschaft den Begriff geprägt: «Ogismus für Fortgeschrittene.»

Wie beurteilt man einen Menschen? Aus eigener Erfahrung weiss ich, was liebe Mitmenschen, die mich persönlich nie gekannt haben, über mich alles besser zu wissen glauben. Entweder wirst du überschätzt und idealisiert. Das ist nicht unangenehm, nur falsch. Oder es sind mir auf bösartige Weise Motive untergeschoben worden, auf die ich selber nie gekommen wäre. Ich weiss also, wie ungerecht Dritte einen missverstehen können oder wollen.

Das beste Kriterium, nach dem eine im öffentlichen Leben stehende Person beurteilt werden kann, sind ihre Aktivitäten. Ihr Tun und Lassen ist ihre Visitenkarte. Es kann, um ein Beispiel zu nehmen, aufschlussreich sein, wie ein Chef seine Mitarbeiter aussucht. Ich kenne starke Führungspersönlichkeiten, die nur schwache Stellvertreter dulden. Das Drama wird dann akut, wenn der starke Mann zurücktritt. Schmeichler beklagen die grosse Lücke, die er hinterlässt, es werde schwer sein, ihn zu ersetzen. Wie auch? Er hat ja keinen potentiellen Nachfolger neben sich aufkommen lassen.

Dann gibt es den Typ Chef, der eigentlich das Format dazu nicht hat. Wer innerlich unsicher und überfordert ist, reagiert meistens im falschen Moment autoritär. Deshalb sind «Schwachköpfe» als Vorgesetzte unvertraut, schwierig, selten zuverlässig.

Es ist durchaus beachtlich, wie Adolf Ogi den Projektleiter für die Neat ausgesucht hat.

Eine solche Stelle wird nicht alle Jahre ausgeschrieben. Neat-Projektleiter muss für einen Ingenieur der Traumjob sein wie die Professur für einen Gelehrten. Er arbeitet bei der Planung der «Neuen Eisenbahn-Alpentransversalen» durch den Gotthard und Lötschberg mit, ist Koordinator, Ansprechpartner für den Departementschef, den Direktor im Bundesamt für Verkehr, für Politik und Wirtschaft. Das Milliardenvorhaben sprengt übliche Dimensionen.

Es meldeten sich zahlreiche Bewerber. Ogi traf eine «seltsame» Wahl. Seltsam insofern, weil der Entscheid überraschend ausfiel. Seine Begründung dafür ist gescheit.

ETH-Ingenieur Peter Testoni hat mir erzählt, warum er obenauf schwang. Er habe sich ohne eigentliche Ambitionen für den ausgeschriebenen Neat-Projektleiter gemeldet. Mit nur geringer Hoffnung deshalb, weil er fast zwanzig Jahre im Ausland und erst kurz vorher in die Schweiz zurückgekehrt sei. Nach so langer Abwesenheit «ist man weg vom Fenster», das wusste auch Testoni. Man habe kein Beziehungsnetz mehr, gehöre zu keiner Seilschaft und kenne kaum noch einflussreiche Leute, die für einen ein gutes Wort einlegen könnten. Das ist die Situation des Heimkehrers, der sich im eigenen Land wie ein Fremder vorkommt.

Adolf Ogi scheint die Bewerbung des Auslandschweizers aufmerksam studiert zu haben. Womit dieser überhaupt nicht rechnen, es sich höchstens erhoffen konnte, geschah zu seiner Überraschung: Testoni kam in die engere Wahl. Aber es sollte für ihn noch viel besser kommen. Peter Testoni erweckt einen grundsoliden Eindruck, ist kein Blender, der sich aufspielt, als wäre er der Grösste. Der Aussenseiter war plötzlich zum Favoriten aufgerückt. Mit wem auch immer Ogi die Kandidatenkür und den definitiven Entscheid abgesprochen oder ihn allein getroffen haben mag, ist nicht so wichtig. Interessant hingegen, sehr interessant ist die Begründung für Testonis Wahl.

Die fachlichen Fähigkeiten vermag ich selbstverständlich nicht zu beurteilen, setze sie aber als gegeben voraus. Für Testoni fielen zwei Vorteile besonders ins Gewicht. Seine Auslandserfahrung und das damit angesammelte berufliche Erfahrungskapital zum einen, das lange Wegsein und die damit gewonnene Distanz zur Schweiz zum anderen. Vor allem die Distanz zur einschlägigen Baubranche. Wie ist das zu verstehen? Einfach: Wer so lange weg war, ist persönlich nirgends verstrickt, steckt in keinem Beziehungsfilz und ist daher sehr unabhängig. «Sie sind deshalb für diesen Posten der richtige Mann», gratulierte ihm Ogi als sein neuer Chef.

Das Neat-Projekt ist für den öffentlichen Verkehr ein Jahrhundertwerk. Was die Eisenbahnpioniere mit dem Bau der beiden Tunnels durch den Gotthard und den Lötschberg vorgespurt haben, wird mit den neuen Basistunneln fortgesetzt. Die Verkehrsdrehscheibe Schweiz mit ihren Nord-Süd-Verbindungen wird aufgerüstet, um im Konkurrenzkampf gegen die Strasse eine hochmoderne Infrastruktur bereitzustellen. Der Projektleiter ist dabei eine wichtige Schaltstelle. Dass Ogi bewusst einen ausgesucht hat, der im persönlichen Beziehungsbereich das geringste Gefälligkeitsrisiko darstellt, halte ich für eine bemerkenswerte und daher erwähnenswerte Überlegung. Wir alle kennen doch genügend Beispiele, und zwar aus der Privatwirtschaft wie aus der öffentlichen Verwaltung, welche Rolle das berühmte Vitamin B spielen kann.

Das Wahlgeschäft ist ohne öffentlichen Lärm über die Bundesbühne gegangen. Ein anderes dagegen verursachte enorme Aufregung.

Im Sommer 1997 ist mit einem dürren Communiqué mitgeteilt worden, Oswald Sigg werde als neuer Informationschef des VBS eingestellt. Im Departement für Verteidigung, Bevölkerungsschutz und Sport bildet die Armee nach wie vor den Schwerpunkt. Über die Wahl von Oswald Sigg zum offiziellen Ogi-Sprecher wunderten sich Insider sehr. Militärische Betonköpfe, für die der kalte Krieg zwischen Ost und West nie aufgehört hatte, kochten vor Wut und witterten schon fast (Landes)Verrat. Rechtsbürgerliche schnappten wie Fische auf dem Trockenen nach Luft, Linke rieben sich überrascht die Augen und trauten der neuen Connection gar nicht. Ringsum zirkulierte die Frage, was denn eigentlich in diesen Ogi gefahren sei.

Der Informationschef eines Departements zählt zu den engsten Vertrauten, ist überall dabei, überbringt der Öffentlichkeit die Anliegen seines Chefs, übernimmt also eine Art Botschafterrolle, soll aber gleichwohl schweigen können wie ein Grab. Vor allem aber wird von ihm absolute Loyalität verlangt.

Oswald Sigg ist ein anerkannter Informationsprofi. Siggs Referenzen lassen sich sehen: Informationschef von Bundesrat Willi Ritschard, Chefredaktor der Schweizerischen Depeschenagentur, Informationschef der SRG, der Schweizerischen Radio- und Fernsehgesellschaft. Die Qualifikation ist unbestritten, wo also liegt der Sigg-Hase im Pfeffer?

Dass er bereits einmal bundesrätlicher Informationschef gewesen war, und zwar beim Sozialdemokraten Ritschard, verrät einen brisanten politischen Hintergrund: Sigg ist «gläubiger» Sozialdemokrat. Dass ein bürgerlicher Bundesrat, und erst noch von der SVP, einen solchen Mann als Öffentlichkeitsarbeiter einstellt, das ist schon ungewöhnlich! Aber es wird noch «schlimmer». Der neue Ogi-Vertraute ist zwar Offizier, unterstützte aber 1989 ungeniert und öffentlich die Initiative zur Abschaffung der Armee. Ein Armeeabschaffer als Pressesprecher, da mussten ja unheimliche Patrioten geistig zusammenbrechen. Die Armee ist ihre Kirche, die Landesverteidigung ihr Glaube, ein Armeeabschaffer als Wortführer in Militärfragen grenzt im übertragenen Sinn an Gotteslästerung.

Die Proteste, insbesondere aus der eigenen Partei, liessen denn auch nicht lange auf sich warten. Die Junge SVP artikulierte ihre Empörung mit den Worten, die Wahl von Sigg «sei ungefähr gleich sinnvoll, wie wenn der Metzgermeisterverband einen Vegetarier als Infochef anstellen würde.» Die Parteijunioren übten sich früh als stramme Parteisoldaten im Dienst der Anti-Ogi-SVP.

Der patentierte Blocher-Lautsprecher, SVP-Nationalrat Hans Fehr, warf den Protestbengel am höchsten: «Das ist ein Skandal und eine Beleidigung für alle, die Militärdienst leisten.» Wie immer, wenn es gegen Ogi geht, erfüllt der Mann die Erwartungen.

Die NZZ erkannte in der Sigg-Wahl «Kommunikationskapriolen eines Bundesrates.» Im Reitsport steht die Kapriole für einen Sprung der hohen Schule. Das war wohl nicht gemeint. Denn im «Duden» wird Kapriole auch mit «Streich, närrischer Einfall», ausgelegt. Das wohl wird die NZZ-Ohrfeige gewesen sein.

Linke rätselten, ob Ogi mit Oswald Sigg nicht nur den Informationsprofi, sondern zugleich auch ein «linkes Frühwarnsystem» eingekauft habe. Das heisst, Sigg wäre nicht das Trojanische Pferd im Armeestall gewesen, wie Fehr & Konsorten ihrem Bundesrat unterstellten, sondern sein Spion im feindlichen SP-Lager. Ogi selber rühmte bis zuletzt Siggs Leistungen. «Er ist der Beste», hat er mir noch eine Woche vor seinem Abgang fröhlich versichert. Dieses Urteil wird von den Medienschaffenden im Bundeshaus durchwegs geteilt. Das war übrigens schon zu Ritschards Zeiten so gewesen. Sigg ist weder ein Trojanisches Pferd noch ein Spion, sondern ein erstklassiger Medienfachmann, kein Abenteurer, sondern für jeden Chef ein loyaler Glücksfall.

3. Volles Auftragsbuch

Der neu gewählte Bundesrat Adolf Ogi übernahm die Nachfolge von Leon Schlumpf im EVED, im Eidgenössischen Verkehrs- und Energiewirtschaftsdepartement. Dazu gehören Verkehr, Energie, Medien, als Annexbetriebe die PTT und SBB. Das Departement ist seither umbenannt und mit weiteren Direktionen aufgestockt worden. Aber es war schon immer und ist es heute erst recht, für Infrastrukturaufgaben zuständig, für die Versorgung des Landes mit Bahnen, Strassen, Energie, Post- und Telekomdiensten, Radio und Fernsehen.

Ein Magistrat hat, wenn er zurücktritt, seine Arbeit nicht abgeschlossen. Der Nachfolger übernimmt Angefangenes und macht weiter. Eine eigentliche Einarbeitungszeit hat er kaum. Aber er ist ja nicht allein. Der «Apparat», die Verwaltung also, die Sachbearbeiter und Chefbeamten sind als die Konstanten im Betrieb geblieben. Auf sie kann er sich verlassen. Diese verwaltungstechnische Automatik funktionierte auch für Ogi. Wenn es heisst, ein neuer Bundesrat werde schon am ersten Tag ins Wasser geworfen, tönt das brutaler, als es in Wirklichkeit ist. Erstens hat er das Amt gewollt, übernimmt es freiwillig, und zweitens sind Politiker keine geistigen Nichtschwimmer.

Bei einem Führungswechsel in einem Departement im Bundeshaus ist, natürlich, der Chef neu und auch seine persönlichen Berater sind es. Die wechseln, das heisst, sie werden nicht vom Vorgänger übernommen. Deshalb heissen sie auch persönliche Berater.

Kasimir M. Magyar ist Unternehmer, wohnt nicht in Budapest, sondern in Zürich und hält offensichtlich nicht viel von Beratern. An einem Vortrag vor Wirtschaftsmanagern sagte er: «Ein Berater ist jemand, der 49 Liebespositionen kennt, aber kein einziges Mädchen.» Von den «Ogi-Boys», wie seine Berater in der Bundeshausszene gehandelt wurden, ist nie behauptet worden, sie seien Trockenskifahrer. Im Gegenteil. Sie galten als Ogis «Jagdhunde», auch Kontrolleure, so dass ein gewählter Chefbeamter gelegentlich nicht mehr wusste, ob er Chef sei, oder der so genannte Berater.

Willi Ritschard hatte mit dem wohl berühmtesten bundesrätlichen Mitdenker Aufsehen erregt, mit Peter Bichsel. Nach sieben Jahren quittierte dieser den Dienst, um zur alten Leidenschaft zurückzukehren, der Schriftstellerei. Ritschard konsultierte mich damals als Parteipräsident wegen der Nachfolge. Ich nannte ihm drei Namen. Einen wählte er dann aus, Peter Hablützel, heute Direktor des Eidgenössischen Personalamtes und damit Personalchef der grössten «Firma» in der Schweiz. Wenn sich Ritschard über seinen neuen Berater ärgerte, diente ich oft als Blitzableiter. Irgendwie machte er mich dann für Hablützel verantwortlich. Und ärgern tat sich der Bundesrat, meistens zu Unrecht, wenn er glaubte, «dr jung Schnuufer», wie er meinte, rede seinen Amtschefs drein. Im Gegensatz zu Ogi mochte er das nicht dulden und sah darin in seiner Empfindlichkeit einen unhöflichen Akt gegen ihn persönlich.

Als Verkehrsminister übernahm Ogi ein paar happige Dossiers. Die Bahn 2000 war von Leon Schlumpf noch im Dezember 1987, ein paar Tage vor Ogis Wahl, durch die Volksabstimmung gebracht worden. Sie sollte für den «Neuen» noch ein Sorgenkind werden. Aber dies erst später.

Handlungsbedarf hingegen bestand für den Schlumpf-Nachfolger bei den Alpentransversalen durch den Gotthard und Lötschberg. Bereits seit 1971 lag der Bericht einer Expertenkommission vor: «Eisenbahntunnel durch die Alpen». Der Gotthardtunnel ist ein Bauwerk aus dem 19. Jahrhundert, der Lötschberg eines aus der Zeit vor dem Ersten Weltkrieg. Nach Eröffnung des Gotthardtunnels verkehrten damals sechs Personenzüge im Tag. Mehr nicht. Die Verantwortlichen zu jener Zeit hatten unvorstellbar grosszügig und weitsichtig geplant, denn sonst würde der Tunnel heute nicht den um ein Mehrfaches angestiegenen Personen- und Güterverkehr noch immer «schlucken». Die Tunnel durch den Gotthard und den Lötschberg waren die beiden letzten ganz grossen Bauwerke für die Eisenbahn gewesen. Die Experten von 1971 erinnerten daran und eröffneten Perspektiven, aus dem Stillstand herauszukommen.

Für Leon Schlumpf stand der Greinatunnel auf der Prioritätenliste ganz oben, nicht der Gotthard oder Lötschberg. Den vier Bundesratsparteien war dann die Geduld ausgegangen, für einmal hatten sie sich zum gemeinsamen Handeln zusammengerauft. Mit einem parlamentarischen Vorstoss, kräftig untermalt mit öffentlicher Begleitmusik, forderten sie den Bundesrat auf, aktiv zu werden, sonst verschlafe das Land auch noch den Eisenbahnanschluss an Europa.

Damit war für Ogi das Traktandum Bahn noch nicht abgeschlossen. Die SBB steckten in einer Finanz- und Identitätskrise. Die Verschuldung beim Bund lastete schwer auf der Politik. Die Gefahr einer Kurzschlusshandlung bestand durchaus. Vor allem drückte der besonders defizitäre Regionalverkehr auf die gute politische Laune. Er hing am eidgenössischen Subventionstropf. Die Infusion reichte zum Fahren, nicht jedoch zum Überleben. Es fehlte aber die Perspektive, wie die Bahn aus den tief roten Zahlen herausgeführt werden könnte.

Als Energieminister traf Ogi auf eine verfuhrwerkte Situation. An der Atomenergie schieden sich die Geister. Die Katastrophe von Tschernobyl hatte ihr das Kainsmal für alle Zeiten aufgedrückt. Der Bundesrat hielt gleichwohl an der umstrittenen Energie fest. Er wollte die Option Atomenergie nicht aufgeben. Damit blockierte er eine Energiepolitik, die diesen Namen verdient hätte. Alternativen, neue Perspektiven, konkrete Projekte wie Energiesparen erstickten mangels politischem Sauerstoff. Die so genannte Energiepolitik war festgefahren, reduzierte sich auf die Kampffrage: Atomkraftwerke ja oder nein? Die Gegner hatten sich in ihren geistigen Schützengräben verschanzt.

Ogi erbte von Schlumpf zwei Volksinitiativen: Eine Ausstiegs- und eine Moratoriumsinitiative. Ein Ausstieg hätte natürlich, nach einer bestimmten Übergangsfrist, das Ende der Atomenergie bedeutet. Mit dem Moratorium verlangten die Initianten ein zehnjähriges Bauverbot für Atomkraftwerke. Diese Zeit könne als Denkpause für Alternativen genutzt werden, argumentierten sie. Denkpause bedeute Pause im Denken, lästerten andere.

Über den Ausstieg war das Stimmvolk schon einmal konsultiert worden. Mit einer sehr verfänglichen Fragestellung an die Stimmberechtigten gelang es der Atomlobby, das Resultat wunschgemäss zu beeinflussen. Die Initiative wurde abgelehnt. Wer für den Ausstieg war, musste nein stimmen. Viele sind auf dieses Verwirrspiel hereingefallen und stimmten ja statt nein. Die Fehlerquote lag denn auch, wie eine wissenschaftliche Auswertung des Abstimmungsresultates ergab, bei fast 15 Prozent. Bei so viel «Bschiss» und einem relativ knappen Ausgang darf ruhig von einem manipulierten Ergebnis gesprochen werden. Das Ganze geschah, versicherte der Bundesrat, korrekt, eine andere Fragestellung sei gar nicht möglich gewesen. Da war es einem gewieften Sprachkünstler offenbar gelungen, die bundesrätliche Logik auf eine höhere Stufe zu bringen: Wer dafür ist, muss dagegen sein.

Ein solcher Grenzfall, um das geschilderte Vorgehen milde zu umschreiben, hat das politische Klima zusätzlich verhärtet. Die Energiepolitik des Bundesrates steckte buchstäblich in der Sackgasse. Die Hoffnungen, Ogi würde wieder etwas bewegen können, waren da.

Staatspolitisch besonders sensibel sind die Medien, der letzte Bereich in seinem «Laden». Das Parlament ist in der Medienpolitik hin- und hergerissen. Sie beschränkt sich für viele nur auf das Fernsehen. Zweitens verwechseln auf der politisch rechten Seite nicht wenige Kultur mit Marktwirtschaft. Daher sei am Bildschirm Wettbewerb nötig. Das ist der Code für mehr Privatfernsehen. Wenn da nur nicht die staatspolitische Klammerfunktion der SRG, der Schweizerischen Radio- und Fernsehgesellschaft, gewesen wäre. Die Tessiner und Romands wissen etwas ganz genau: Ein eigenes Fernsehstudio ist nur über den Finanzausgleich der SRG möglich und, das sei ohne Wenn und Aber nachgetragen, für ein mehrsprachiges Land wie die Schweiz eine staatspolitische Notwendigkeit.

So viel zu Ogis Aufgabenheft. Er ging mit Elan an die Arbeit. Vieles ist ihm gelungen. Anderes nicht. Bei vielem lag er richtig, bei anderem falsch. Wie alle öffentlichen Darsteller geniesst er den Beifall. Ihm ist aber auch bewusst, beim Lob kennen die Freunde kein Erbarmen. Daher soll auch kritisiert werden, was schief gelaufen ist.

4. Berg- und Talfahrt

Im Juni 1988 feierte die BLS, die Bern-Lötschberg-Simplon-Bahn, ihr 75-Jahr-Jubiläum. Sie ist das Vorzeigeunternehmen des Kantons Bern. Der Kanton ist Hauptaktionär, die BLS ist im Handelsregister aber als Privatbahn eingetragen. Der Bund unterstützt sie finanziell. In eingeweihten politischen Kreisen zirkulierte früher das Bonmot, die BLS sei eine bernische Versorgungsanstalt, die nebenbei noch eine Eisenbahn betreibe. Damit ist auf die Unsitte angespielt worden, dass bekannte Politiker zum Schluss ihrer Karriere noch die Krönung erhielten – entweder als BLS-Direktor oder doch immerhin als Verwaltungsrat.

Seit die SBB aus der Vormundschaft des Bundes entlassen und eine spezialgesetzliche Aktiengesellschaft geworden sind, allerdings mit dem Bund als Alleinaktionär, gerät auch die BLS in Liberalisierungsturbulenzen. Mehr Wettbewerb drängt sie näher an die SBB.

Verkehrsminister Adolf Ogi durfte aber am Jubelfest von 1988 noch aus dem Vollen schöpfen und konnte auf den BLS-Schienen in heimatlichen Erinnerungen schwelgen. Ein paar Müsterchen im O Ton seien aufgeschrieben.

- «Über die BLS reden zu dürfen, ist für mich wie über meine Wiege, mein Laufgitter, meine Kinderschuhe, mein Schulzimmer, meinen Spielplatz aussagen zu dürfen.»

- «Die BLS war für mich das, was Kloten heute für junge Leute darstellt.»

- «Die BLS ist meine Bahn, meine Jugend, meine Welt.»

- «Ein neues Eisenbahnzeitalter ist angebrochen.»

Kandersteg liegt an der BLS-Linie Bern-Thun-Brig, die über Domodossola nach Mailand oder Genua weiterführt. Kandersteg ist nicht einfach im Berg verlocht, zählt zu seinen Raritäten nicht nur den überflüssigen Bundesratsbunker für den Ernstfall, Kandersteg hat auch ein Tor nach dem Süden, hinaus in die weite Welt. Das erinnert mich an meinen Vater, wenn er zu Besuch in Basel war. Auf der Mittleren Rheinbrücke den Rhein betrachtend, meinte er jedes Mal: «Ich ‹schmöcke› das Meer.» Seine Fantasie ging mit ihm über den Rhein in das Meer hinaus. So verstehe ich Ogi, wenn die BLS für ihn seine Bahn und seine Welt ist.

Das von Ogi angesprochene «neue Eisenbahnzeitalter» war mehr als eine Sprechblase. Er hat als Verkehrsminister eigentlich von Anfang an den Schwerpunkt auf den öffentlichen Verkehr verlegt. Das war nötig. Die Bahn geriet in der Nachkriegszeit in das Hintertreffen. Nach einer Studie der ETH Zürich umfasste das Strassennetz der Schweiz 1970 insgesamt 60 139 Kilometer, 20 Jahre später 74 625 Kilometer. Das Schienennetz ist in der gleichen Zeit praktisch unverändert geblieben, hat nur um bescheidene 39 Kilometer, von 5010 auf 5049 Kilometer, zugenommen.

Das Auto wurde auch politisch schick. Die Autolobby gewann mächtig an Einfluss. Die Autobahnen verdrängten die Eisenbahnen. Da spielte es keine Rolle, dass nach einer Studie des Prognos-Instituts die Bahn nicht nur im Energieverbrauch und im Flächenbedarf, sondern auch bei Schadstoffemissionen und Lärmbelästigungen deutlich günstiger abschneidet. Autofahren ist dazu erst noch 24-mal gefährlicher als Bahnfahren.

Nach zwei Jahren im Amt als Verkehrsminister fasste Ogi die Verkehrspolitik der letzten 40 Jahre zusammen, und fügte noch ein paar Ideen für die Zukunft an:

- Der Energieverbrauch im Verkehr stieg um das Zehnfache.
- Der Motorfahrzeugbestand nahm von 200 000 auf 3 Millionen zu.
- In den nächsten 20 bis 30 Jahren wird sich der die Alpen überquerende Verkehr verdoppeln.
- Die Frage steht im Raum: Wird Europa zum grossen Stauraum? Entwickelt sich der Verkehr für Umwelt und Menschen als lebensbedrohender Moloch?
- Die Verkehrsangebote müssen die Anliegen der Wirtschaft und der Umwelt erfüllen.
- Die externen Kosten – Luftverschmutzung zum Beispiel, Gesundheits- und Gebäudeschäden, Lärm – sind nach dem Verursacherprinzip einzufordern.
- Wir werden eine Lenkungsabgabe für Lastwagen einführen.
- Das Autobahnnetz wird fertiggestellt.
- Bahn 2000 und Neat bringen neue Impulse in die Verkehrspolitik.
- Mit der Bahn gehen wir in die ökologische Offensive.
- Im Alpentransit sind die Güter von der Strasse auf die Schiene umzulegen.

Das Programm war ambitiös, weitsichtig, ehrgeizig. Die Umsetzung wird Jahrzehnte beanspruchen. Es wird Abstriche geben, Pannen, neue Erkenntnisse, Ergänzungen. Ogi hat aus heutiger Sicht die Weiche richtig gestellt. Er verbreitete so etwas wie Aufbruchstimmung. Ich jedenfalls kann mich an keinen Verkehrsminister erinnern, der ein ähnlich grosses Engagement in den öffentlichen Verkehr investiert hat wie Ogi.

Die noch vom Vorgänger aufgegleiste Bahn 2000 fuhr auf den Prellbock auf. Es entstand nicht gerade politischer Totalschaden, aber immerhin doch ein Achsbruch.

Das Stimmvolk bewilligte am 6. Dezember 1987 für die Bahn 2000 einen Pauschalkredit von 7,4 Milliarden Franken, inklusive Teuerung bis zum Abschluss der Arbeiten.

Der Kostenvoranschlag erwies sich bald als Fehlkalkulation. Was war passiert? Eine regelrechte Kostenexplosion. Die 7,4 Milliarden schnellten auf 16 Milliarden hinauf. Ogi versuchte seinen politisch dafür verantwortlichen Vorgänger herauszuhauen. Wie das? Mit dem Entlastungsversuch, dass beim Autobahnbau die Kostenexplosion um ein Mehrfaches grösser gewesen sei. Die ursprünglich genannten Kosten von 4 Milliarden seien inzwischen auf 56 Milliarden Franken angewachsen, Tendenz weiterhin steigend. Das wäre eigentlich der Skandal gewesen. Aber die öffentliche Aufregung war praktisch ausgeblieben. Dafür gibt es eine Erklärung. Herr und Frau Schweizer sind motorisiert und damit Partei. Geld für den Autobahnbau fliesst mit dem separat dafür erhobenen Benzinpreiszuschlag von 30 Rappen den Liter jede Minute in den Fonds. Das läppert sich im Jahr zu zwei und noch mehr Milliarden zusammen. Also ist doch gar niemand zu Schaden gekommen. So geht es halt zu bei uns.

Die Geschäftsprüfungskommission, GPK, des Ständerates untersuchte den Fall Bahn 2000. Der Streit drehte sich um eine Planungsleiche und nicht um vertane Millionen. Wäre Bahn 2000 so realisiert worden, hätte sie nicht 7,4 Milliarden, sondern mindestens 16 Milliarden gekostet. Ogi zog vorher die Notbremse. Wer war, das versuchte die GPK herauszufinden, für den Schlamassel verantwortlich?

Bahn 2000 war nach beinahe jahrzehntelanger Sendepause das erste Ausbauprojekt für den öffentlichen Verkehr. Geplant wurden grössere und kleinere Verbesserungen, wie Taktfahrplan, modernes Rollmaterial, neue Linien, Doppelspuren, zusätzliche Geleise oder Streckenbegradigungen. 50 verschiedene Vorhaben sollen bis 2005 realisiert sein. Wer Bahn fährt, weiss, dass Bahn 2000 gut angelaufen ist. Das Projekt wurde redimensioniert und etappiert.

Für den Planungspfusch gab es verschiedene Täter. Die wichtigsten Unterlagen und Kostenberechnungen lieferten die SBB. Das Geschäft lag in den Händen von Generaldirektor Hans Eisenring. Der muntere Bursche war im Bundeshaus als Hans Dampf in allen Gassen beliebt. Sein Charme muss umwerfend gewesen sein. Wie sonst hätte er seine Planungsruine als eine bis auf die letzte Million sorgfältig kalkulierte Projektplanung reihenweise an den Mann bringen können, nämlich: zuerst dem Direktor des Bundesamtes für Verkehr, dann dem zuständigen Departementsvorsteher und dem Gesamtbundesrat, den Verkehrskommissionen des National- und Ständerates und schliesslich dem Plenum der beiden Räte. Da muss eine kollektive Bewusstseinsstörung in Sachen politischer Verantwortung und parlamentarischer Kontrolle vorgelegen haben. Oder jeder hat sich auf den anderen verlassen. Den aber gab es unter ihnen nicht. «Der andere» hiess Hans Eisenring. Der joviale SBB-Mann ist nicht von Schuld freizusprechen, aber der Alleinverantwortliche war er weiss Gott nicht.

Adolf Ogi musste nach der Notbremsung die Bahn 2000 politisch retten und das Projekt vollständig überarbeiten lassen. Im «Dossier» der Schweizerischen Bundesbahnen vom Juli 1993 ist das Ergebnis des zweiten Planungsanlaufs zusammengefasst worden:

«Mit der jetzt vorgeschlagenen Konzentration auf die erste Etappe wird der Kostenrahmen eingehalten. Für 7,4 Milliarden Franken (Streubereich -10%/+20%) entsteht bis ins Jahr 2005 ein ausgebautes Bahnnetz, das die von den Kunden gewünschten und 1987 versprochenen Verbesserungen weitgehend erfüllt: häufigere, raschere, direktere und bequemere Verbindungen.

Die technische Entwicklung ermöglicht den Einsatz von Neigezügen, sodass die Fahrzeitverkürzungen wesentlich weniger bauliche Veränderungen an der Strecke erfordern. Auf besonders stark belasteten Strecken werden neue Doppelstockkombinationen eingesetzt. Von den vier 1987 vom Schweizer Volk genehmigten Neubaustrecken ist jene zwischen Mattstetten und Rothrist vollumfänglich nötig, um den zusätzlichen Verkehr sowohl von Bahn 2000 als auch von AlpTransit aufnehmen zu können.»

Die Konzeptidee leuchtet ein: weniger Beton, mehr Grips, mehr technische Intelligenz, mehr Einsatz der modernen Technik. Die Pendolino-Neigezüge und Doppelstockwagen verkehren bereits. Bei den SBB übernahm Benedikt Weibel, heute Direktionspräsident, von Eisenring 1990 das schwierige Dossier. Eisenring verliess die Generaldirektion der SBB.

Die Gesamtkosten für beide Etappen der Bahn 2000 sind mit 13,4 Milliarden Franken budgetiert und im bisherigen Realisierungsverlauf eingehalten worden. Wenn wir die seit Jahren anhaltende Krise bei der Deutschen Bahn AG oder die Misere bei den Britischen Eisenbahnen verfolgen, ist Bahn 2000 auf dem Weg, eine Erfolgsgeschichte zu werden. Die wiederum hat sich das Schweizer Volk verdient.

Beim Wort Alpeninitiative hat Adolf Ogi keine angenehmen Erinnerungen. Damit verbunden ist seine erste grosse politische Niederlage, nicht einmal eine unverdiente, sondern eine selbst verschuldete. Ogi benahm sich, als ob Politik die Kunst wäre, das Mögliche unmöglich zu machen.

Um was ging es? Um den Schutz der Alpen allgemein, um den Verkehr durch die Alpen im Speziellen. Hier der Initiativtext:

- «Der Bund schützt das Alpengebiet vor den negativen Folgen des Transitverkehrs.»
- «Er begrenzt die Belastungen durch den Transitverkehr auf ein Mass, das für Menschen, Tiere und Pflanzen sowie deren Lebensräume nicht schädlich ist.»
- «Der alpenquerende Gütertransitverkehr von Grenze zu Grenze erfolgt auf der Schiene.»
- «Der Bundesrat regelt die notwendigen Massnahmen auf dem Verordnungsweg.»
- «Ausnahmen sind nur zulässig, wenn sie unumgänglich sind. Diese müssen durch ein Gesetz näher bestimmt werden.»

- «Die Transitstrassen-Kapazität im Alpengebiet darf nicht erhöht werden. Ausgenommen sind Umfahrungsstrassen zur Entlastung von Ortschaften vom Durchgangsverkehr.»

Die Initiative wurde von Volk und Ständen am 20. Februar 1994 mehrheitlich angenommen. Damit ist der Initiativtext Bestandteil der Bundesverfassung geworden.

Eigentlich hätte das Anliegen der Initianten dem Bergler aus Kandersteg höchst sympathisch sein müssen. Was da gefordert wurde, gehört geradezu zu seiner Lebensphilosophie: Schutz der Alpen, Sorge tragen zur Natur, Kampf gegen zu viel Verkehr. Statt dessen verprügelte Ogi die Wortführer der Alpeninitiative und kämpfte wie verbissen gegen sie. Er mutierte zum verkehrspolitischen Geisterfahrer.

Wo immer Ogi als Redner gegen das Volksbegehren angetreten war, wiederholte er bis zum Überdruss die Behauptung, bei Annahme der Alpeninitiative könnten die Walliser ihre Autobahn N9 ins Kamin schreiben. Gegen alle bisherigen Erkenntnisse deklarierte er die Autobahn durch das Rhonetal zur Transitroute: «Sie kann nicht mehr vierspurig bis Brig gebaut werden.» Damit wollte er die Initiative diskreditieren, wollte aufzeigen, wie unsinnig und kontraproduktiv sie sei. Er verpasste ihr die Funktion eines Bumerangs – gegen die Interessen der Bevölkerung in den Alpen.

Die Initianten mochten Ogis Horrorvision noch so überzeugend widerlegen, er liess sich nicht mehr stoppen, sondern verrannte sich mit offenen Augen in die alpenpolitische Sackgasse.

Zwei Wochen vor der Abstimmung fasste er in einem Interview sein auf Angstmacherei ausgerichtetes Abwehrdispositiv zusammen:

- «Wenn die Alpeninitiative angenommen wird, dann schiessen wir ein Eigengoal, das viel kaputt macht.»

- «Die Befürworter der Alpeninitiative werden gerühmt, sie haben originelle Aktionen. Sie drucken 600 000 nicht faire Prospekte, und sie verteilen Bonbons. Wenn jemand die Prospekte liest, dann müsste man eigentlich erwachen: Tourismus, Handel, Gewerbe und Industrie, das Mittelland und eigentlich auch das ganze Berggebiet müssten einsehen, dass man so radikal, so einseitig etwas Aufgebautes nicht in Frage stellen darf.»

Auffallend ist der hölzerne Sprachstil. Er setzte voll auf diffuse Verdächtigungen, prophezeite nicht gerade den Untergang der Schweiz, aber redete darum herum. Seit der Annahme der Alpeninitiative sind Anfang 2001 sieben Jahre vergangen. Die katastrophalen Folgen sind ausgeblieben. Die Schweiz hat das Ja überlebt. Ogis Befürchtungen waren masslos übertrieben.

Die innenpolitische Verteufelung genügte Ogi nicht. Es musste auch aussenpolitischer Schaden herbeigeredet werden:

- «Wir haben eine international anerkannte Verkehrspolitik – sie wird im Ausland mehr anerkannt als im Inland. Mit der Annahme der Alpeninitiative würden wir unsere Glaubwürdigkeit aufs Spiel setzen.»
- «Wir würden Gegenmassnahmen provozieren und ein Eigengoal markieren, wenn wir in den Alpen ein Bollwerk Schweiz erstellen.»
- «Wir würden im Alpengebiet zulasten von Handel, Gewerbe und Tourismus keine leistungsfähigen und sicheren Autobahnen und Hauptstrassen mehr ausbauen können.»
- «Die Initiative ist auch gegenüber anderen Regionen ungerecht, weil es solche gibt, die fünf- bis zehnmal mehr Verkehr haben (als der Kanton Uri). In der Tat könnte ich mir vorstellen – wenn die Alpeninitiative angenommen würde –, dass es einmal eine entsprechende ‹Landinitiative› geben muss, weil die Leute sagen, es sei nicht in Ord-

nung, dass nur die Alpen geschützt würden. Das ganze Land und die ganze Bevölkerung brauchen Schutz. Die Alpeninitiative bringt ihn nicht.»
- «Kommt dazu, dass 90 Prozent des alpenquerenden Verkehrs bereits auf der Schiene ist.»
- «Wir torpedieren unsere eigene Verkehrspolitik.»

Ogi zog mächtig vom Leder. Der Abstimmungskampf verlief animiert. Die Idee der Initiative regte die Leute auf vielfältige Art an. Zudem war es eine Initiative mit einem klar verständlichen Anliegen. Viele Freunde von Ogi rätselten, weshalb er so aggressiv agierte. Ich meine, die Pferde sind mit ihm Richtung Europa durchgebrannt. Ogi war so auf Brüssel fixiert, dass er zu glauben meinte, in der EU werde die Alpeninitiative als feindliche Handlung gegen Europa taxiert. Er befürchtete Retourkutschen, meinte, das Volksbegehren schwäche aussen- und europapolitisch unsere Position. Die grössten Befürchtungen dürften ihm das 1992 ausgehandelte Transitabkommen mit der EU bereitet haben. Das ist sein diplomatisches Meisterstück als Verkehrsminister. Ogi glaubte, die EU werde die Auflagen der Alpeninitiative niemals schlucken. Das war sein Irrtum aus Überzeugung.

Wenn «der Ogi», wie er von sich redet, kämpft, dann auch mit harten Bandagen, wenn nötig mit billigen Tricks und Unterstellungen. Das ist halt eben die andere Seite des charmanten Politikers, sie ist nicht besser als bei den meisten Politikern. Sie kommt zum Tragen, wenn er mit dem Rücken zur Wand steht und darüber klagt, die Zukunft sei früher auch besser gewesen.

Kurt Furgler, alt Bundesrat aus St. Gallen, ist der gleiche Typ. Er spielte Handball, war später Coach der Mannschaft von St. Othmar St. Gallen und ist daneben immer Fan des FC St. Gallen geblieben. 1971 wurde er in den Bundesrat gewählt. Der Basler Pressefotograf Hans Bertolf hatte mir seinerzeit geschildert, wie er Furgler als Coach erlebt habe: «Furgler kann nicht verlieren. Er will immer gewinnen, auch um jeden Preis. Wenn er als Bundesrat die gleiche Einstellung haben wird, dann habt ihr ‹einen› gewählt, o lala!»

Das Anliegen der Alpeninitiative muss Ogi im Grunde genommen sympathisch gewesen sein. Innerlich geriet er als Gegner in eine schiefe Gefühlslage. Sein Nein wirkte wie Trotz, als ob er beleidigt gewesen wäre. Beleidigt, dass man ihm als Bergler so etwas angetan hat: Gegen andere Bergler antreten zu müssen. Genau eine solche Befindlichkeit macht empfindlich, unsicher auch, aggressiv deshalb.

Völlig aus dem Gleichgewicht geriet Ogi an der denkwürdigen «Arena»-Sendung mit Filippo Leutenegger vom Schweizer Fernsehen. Seine Gegenspieler waren SP-Nationalrat Andrea Hämmerle sowie Hansruedi Stadler, damals Landammann von Uri, heute CVP-Ständerat. Ich assistierte aus der zweiten Reihe meinem Bündner Genossen Hämmerle, erlebte das «Drama» also live mit. Adolf Ogi hatte als seine Sekundanten LdU-Nationalrat Franz Jaeger und SBB-Generaldirektor Hanspeter Fagagnini aufgeboten. Beide waren die so genannte ideale Fehlbesetzung.

«Die Weltwoche» bemerkte nach der Sendung, Franz Jaeger sei von Ogi «immer wieder mit Beratungsaufträgen eingedeckt» worden. So lieferte er auch zum Thema Alpeninitiative und ihre Folgen einen Bericht an das Departement ab. Das Fatale an Jaegers Auftritt in der «Arena» war sein Doppelspiel gewesen. Im Nationalrat hatte er der Alpeninitiative zugestimmt. Normalerweise sollte ein solcher Entscheid wenigstens bis zur Volksabstimmung gelten.

Mit Gutachten ist das so eine Sache. Der Basler Staatsrechtsprofessor Max Imboden, ein paar Jahre FDP-Nationalrat und vorher Präsident des Wissenschaftsrates, gehörte zu den gefragten Gutachtern des Landes. Ihm sei es verleidet, vertraute er mir einmal beim Heimfahren von Bern an, Gutachten für die Katze zu schreiben. Er habe daher eine Vorwahl eingeführt. Bevor er das Gutachten ausarbeite, teile er dem Auftraggeber auf ein, zwei Schreibmaschinenseiten das mutmassliche Ergebnis mit, zu dem er mit an Sicherheit grenzender Wahrscheinlichkeit gelangen werde. Dann habe man ihm den Auftrag bestätigt oder eben nicht. Letzteres heisst, der Auftraggeber sucht einen anderen Gutachter. So ist Professor Imboden um Gefälligkeitsgutachten herumgekommen.

Ich möchte Franz Jaeger nicht in kurzen politischen Hosen stehen lassen. Er war als Nationalrat einer der ersten Umweltpolitiker, couragiert, sachkundig, scheute kein Risiko und steckte von rechts dafür Prügel ein. Seine grüne Politik brachte ihm an der Hochschule auch mehr Verdruss als beruflichen Goodwill ein. Mit einem Wort, Jaeger politisierte im aufrechten Gang. Irgendwann einmal war er, glaube ich, müde geworden und setzte sich zum Abschluss ein neues Ziel. Seit 1971/72 wäre für das Nationalratspräsidium 1995/96 wieder der Landesring der Unabhängigen (LdU) an der Reihe gewesen. Das wäre für Franz Jaeger nach so vielen harten Jahren im Parlament die Ehrenrunde geworden. Jeder sucht nach Anerkennung. Nur stellte es der Landesringler ungeschickt an. Der Gedanken an den nationalrätlichen Hochsitz muss ihn belastet, auch verändert haben. Er benahm sich anders, gestelzt etwas, künstlich, die präsidiale Würde passte nicht zum geborenen Rebellen. Er fiel beim ersten Test, der Wahl des Vizepräsidenten, durch. Der Liberale François Leuba machte das Rennen. Irgendwie hatte Jaeger die Gunst auf beiden Seiten, rechts und links, verspielt. Nach der Sommersession 1995 legte er das Mandat nieder. Schade.

Der zweite Ogi-Adjutant war Hanspeter Fagagnini. Weshalb ein SBB-Mann aus der obersten Chefetage gegen die Alpeninitiative antreten musste, war so ziemlich allen rätselhaft geblieben. Geschäftsinteressen konnten es nicht gewesen sein. Die Alpeninitiative startete ja nur mit dem einen Ziel, nämlich den Gütertransit auf die Bahn zu bringen. Dafür hätte der SBB-Generaldirektor die Initianten, selbst wenn sie ihm persönlich aus was für Gründen immer unsympathisch gewesen wären, ja nicht bekämpfen müssen.

Fagagnini führte einige Jahre die CVP als Generalsekretär, und das hervorragend. Einfach ist es nicht, die «christlichen Brüder und Schwestern» beieinander zu halten. Der Bogen zwischen den konservativen Rechten und den moderaten christlichsozialen Linken sorgt für viel Spannung in der CVP. Da muss der Generalsekretär den Spagat schon beherrschen. Aber dieser Job ist keine Lebensaufgabe. Also holte ihn Ogi als Vizedirektor in das Bundesamt für Verkehr und beförderte ihn später zum Generaldirektor der SBB. Fagagnini war ein Ogi-Mann.

Für Chefbeamte des Bundes gibt es politische Auflagen. Sie sollen öffentlich nicht gegen die Politik des Bundesrates votieren. Chefbeamte sind für den Vollzug von Beschlüssen zuständig, die vom Parlament beschlossen oder vom Bundesrat angeordnet werden. Es hat daher durchaus seine demokratische Richtigkeit, festzulegen, wer Koch und wer Kellner ist. Der arme Fagagnini stand im Sandwich: SBB gegen Ogi. Deshalb hätte man ihn gar nicht aufbieten dürfen.

Vreni Spoerry, damals noch Nationalrätin, wäre für Ogi der richtige Beistand gewesen. Sie bekämpfte die Alpeninitiative als Mitglied des Gegenkomitees an vorderster Front und rechnete wohl mit einem Auftritt in der «Arena». An ihrer Glaubwürdigkeit hätte niemand gezweifelt. Die beiden Herren hingegen machten eine «traurige Falle», wie man im Dialekt sagt.

Ogi dünkte mich schlecht gelaunt, als ob er zum ungeliebten Pflichtlaufen hätte antreten müssen. Sicher war es für ihn kein Kürlaufen. Es wurde einer von Ogis wenigen missratenen öffentlichen Auftritten. Der Urner Landammann Hansruedi Stadler erlebte wohl den politischen Galaabend seines Lebens. Er sprühte vor Angriffslust und sammelte Punkte beim Publikum.

Diesmal hatte bei Ogi das gute Gespür versagt. Zu allem Elend hängte er seine Ablehnung der Alpeninitiative auch noch an «Brüssel», an der EU auf. Das grenzte schon fast ein wenig an vorauseilenden Gehorsam. Damit war die EU sein Partner geworden, nicht mehr das Schweizervolk. Er argumentierte, als ob er wüsste, dass die EU «es» uns schon heimzahlen würde. So lief er dem Verkehrsspezialisten, Mitinitianten und, auch das noch, Bergbauer Andrea Hämmerle voll in den Hammer. Das hätte gerade noch gefehlt, jubelte der Bündner, dass uns «Brüssel» vorschreibe, wie wir durch den Gotthard fahren müssten. Das war für Ogi das Aus. Die Sendung war für ihn in die Hosen gegangen.

Nach einer «Arena»-Sendung versammeln sich Teilnehmer und Publikum noch zu Brötchen und Getränken. Ogi war sauer, musste Dampf ablassen, schimpfte mit dem Sendeleiter, seinen Kontrahenten und Begleitern. Wer kennt solche Situationen nicht. Man ist vor allem wütend auf sich selbst. Und zieht Lehren aus dem Absturz. Bestimmt wird Ogi in der Erfolgsliteratur nachgeblättert haben, wie man nach Niederlagen stärker wird. Zudem ist in solch mieser Lage die sportliche Erfahrung hilfreich. Auch wenn einer noch so ungern verliert, im Sport kommt keiner an Niederlagen vorbei. Das weiss Ogi – und hat sie verkraftet. So im freien Fall wie in der «Arena» habe ich ihn jedenfalls nie mehr erlebt.

Die Abstimmung endete für die Initianten triumphal. Nicht einmal eines von elf Volksbegehren schafft das Stimmen- und Ständemehr. Deshalb tanzten die Leute in Altdorf auf offener Strasse und überall erinnerte man sich an die Botschaft von Ogi, die er 1992 dem Astronauten Claude Nicollier in den Weltraum gefunkt hatte: «Freude herrscht».

Die von Ogi vor der Abstimmung aufgebaute EU-Drohkulisse erwies sich als Attrappe. In Brüssel gab es damals einen Schweizer, der die Reaktionen der EU einzuordnen wusste:

Alexei Lautenberg, Botschafter der Schweizer Mission bei der EU. Vier Monate nach dem «historischen» Erfolg mit der Alpeninitiative meinte er: «Persönlich bin ich überzeugt, dass die Grundidee der Alpeninitiative in Europa als richtig erkannt und sich durchsetzen wird.»

Seither sind fast zehn Jahre vergangen, die Voraussage ist noch nicht konkret bestätigt worden. Dafür schmücken sich Bundesräte und Parlamentarier gerne mit ihrer angeblichen Weitsicht, in Europa verkehrspolitische Schrittmacherdienste geleistet zu haben. Die Idee gewinne an Boden, sagen und hoffen sie, mehr Güter auf die Bahn zu verladen. Wenn das stimmt, ist das auch und vor allem ein Verdienst der Alpeninitiative. Erst sie machte das Umdenken öffentlich.

Vorläufig aber überlässt die Strasse der Schiene noch nicht den Vortritt. Im Gegenteil, sie legt ständig zu. Die Bahnen ihrerseits sind für die Lastwagen noch nicht die erwünschten gefürchteten Konkurrenten geworden. Damit, dass eine europäische Fahrplankonferenz abgehalten wird, wird noch keine europäische Eisenbahnpolitik betrieben. Solange ein Güterzug von Rotterdam nach Mailand nicht von einer Gesellschaft und mit einer Equipe gefahren, sondern in nationale Kompetenzsektoren aufgeteilt wird, solange werden die Lastwagen an ihm vorbeisausen.

Nach der Niederlage beim helvetischen Alpenvolk musste Ogi wieder Tritt fassen. Zuerst einmal stolperte er über seine eigenen Fehlprognosen. Die taktische Lüge, im Wallis könnte nach Annahme der Alpeninitiative die Autobahn N9 nicht mehr vierspurig fertig gebaut werden, musste vom Tisch. Mit einer erstaunlichen Kaltschnäuzigkeit korrigierte er seinen Misstritt und gab zu, natürlich würden die Arbeiten an der Autobahn fortgesetzt.

Damit brachte er die aus der «Arena» verstossene Vreni Spoerry auf die Palme: «Wie sollen Politikerinnen und Politiker zukünftig glaubhaft Vorlagen vertreten, und wie sollen Stimmbürgerinnen und Stimmbürger politische Weichen nach ihrer Überzeugung stellen, wenn drei Monate später völlig gegenteilige Interpretationen des gleichen Textes möglich werden», fragte und kritisierte sie.

Vreni Spoerry ersparte es dem Verkehrsminister nicht, darauf hinzuweisen, wie oft er vor der Abstimmung erklärt habe, «wenn Sie die Initiative annehmen, kann die N9 nicht mehr mehrspurig bis Brig gebaut werden.» Im Bundesbüchlein an alle Stimmberechtigten hiess es aus dem Ogi-Departement im Namen des Bundesrates auf Seite 17: «Das Nationalstrassennetz im Wallis bleibt unvollendet.» An einer Pressekonferenz wurde Ogi gefragt, was er zu den Vorhaltungen von Frau Spoerry meine. Nervös und gereizt bellte er zurück: «Ist Frau Spoerry das Mass aller Dinge?»

Er reagierte schlagfertig, allerdings in einem Punkt schwieg er beharrlich: Seine Fehleinschätzung zuzugeben.

Ogis Kehrtwendung in Sachen Autobahn N9 erfolgte wie etwas völlig Normales. Er tat so, als ob ihm erst in der zweiten Lesung bewusst geworden wäre, selbstverständlich das nach der Abstimmung, was eigentlich klar sei: Die Autobahn wird nicht abgewürgt. Quelle surprise.

Vreni Spoerry blieb unerbittlich. Sie nannte die Pirouetten von Ogi «ein Stück gefährdete Rechtsstaatlichkeit.» FDP-Präsident Franz Steinegger erinnerte Ogi in seiner trockenen Art kurz daran, Volksinitiativen seien keine «Volksbelustigungen.»

Ogi bekam hartes politisches Brot serviert. Er wird aus dem Absturz in der «Arena» seine Lehren gezogen haben. Niederlagen gehören, wie schon erwähnt, lieber nicht zu seinem Repertoire. Sie tun ihm weh. Er hat auch keinen Diener, der seine Majestät auf der Jagd so amüsant entlastet hat: Der König fragt: «Haben wir getroffen?» Der Diener antwortet: «Majestät haben die Ente begnadigt.»

5. Medienwelt: Schein und Sein

«In der Besoldung eines Bundesrates ist auch eine gewisse Abgeltung für Beschimpfungen und Blossstellungen enthalten.» So stand es im Entscheid des damaligen Ombudsmannes für Radio und Fernsehen DRS, Arthur Hänsenberger, zu einer Beschwerde aus dem Publikum.

Um was ging es? Adolf Ogi hatte gerade das EMD übernommen, als der berühmt gewordene Fall von Oberst Friedrich Nyffenegger aufflog. Der Oberst wurde departementsintern als «Mischler Fritz» apostrophiert. So einem werden krumme Touren zugemutet. Solche brachten ihn in Untersuchungshaft. Bundesanwältin Carla del Ponte übernahm jeden neuen Fall mit Vergnügen. Mit einem Übereifer sondergleichen pumpte sie den «Mischler Oberst» zu einem Landesverräter auf und verhängte, wie es sich für ein derart schweres Vergehen gehörte, eine totale Informationssperre. Das passte dem EMD-Chef Ogi überhaupt nicht. Er hätte die Nation gerne über den peinlichen Fall orientiert. Schliesslich hatte ihm der Vorgänger Kaspar Villiger diese Leiche im Militärkeller hinterlassen.

Darauf anspielend zeigte die Fernseh-«Rundschau» Ogi in einem Sado-Maso-Studio, wo er mit entblösstem Hintern die Stiefel von «Domina» Carla del Ponte leckte. Der nicht besonders appetitliche Beitrag löste Beschwerden aus. Ombudsmann Arthur Hänsenberger, von 1979 bis 1991 FDP-Ständerat des Kantons Bern, drückte das rechte Auge fest zu. Zum Ärger vieler seiner politischen Zunftbrüder.

Für etlichen Wirbel hinter den Fernsehkulissen hatte die Neujahrsansprache vom 1. Januar 2000 von Bundespräsident Adolf Ogi gesorgt. Es gibt Torten, bei denen der Conditor mit süsser Füllung des Guten zu viel tut. Etwa so war es mit jener Neujahrsansprache. Ogi butterte übermässig viel Pathos, Symbole und Folklore hinein. Er posierte vor dem Nordportal des Lötschbergtunnels in Kandersteg und zupfte symbolträchtig an den Ästen eines Tannenbäumchens herum. Am Aufnahmetag war es kalt, die Fernsehleute schlotterten und drückten auf das Tempo, zumal sie von Ogis Szenario wenig beeindruckt waren. Fachleute bestätigten dann auch, technisch habe der Film nicht unbedingt höchsten Ansprüchen genügt.

Zwei Wochen später verulkte der «Ventil»-Moderator Frank Baumann die Millenniumsrede des Bundespräsidenten in seiner Blödelshow. Da hörte für Ogi der Spass auf. Er wies den Pressechef an, sich beim Programmdirektor Peter Schellenberg zu beschweren. Dem blieb kaum etwas anderes übrig, als sich zu entschuldigen. Das tat er denn auch. Offenbar geschickt, jedenfalls stellte das Ogi-Departement fest: «Es war ein überzeugendes Entschuldigungsschreiben. Damit ist für uns die Angelegenheit erledigt.»

Die umstrittene Neujahrsansprache kann als Video bestellt werden. Völlig unerwartet ist sie ein Renner geworden. Was die einen als das Letzte abtun, gefällt anderen umso besser. Wenn Politik etwas mit Kunst zu tun hat, ist Ogi ein Künstler, der beim grossen Publikum gut ankommt.

Peter Schellenberg hat seinen Ogi gekannt, schliesslich war der Medienminister sein Ansprechpartner. Ogi bekundete gelegentlich Mühe mit der Rollenverteilung. Der Medienminister ist nicht auch Programmdirektor, sondern verantwortlich für die Medienpolitik. Das Fernsehen DRS ist kein Staatssender, sondern arbeitet auf eigene Verantwortung. Ogi musste etwa mal daran erinnert werden, wenn ihn vermeintlich ungerechte Behandlung am Bildschirm zum Telefonhörer trieb. Seine Verletzlichkeit der Kritik gegenüber ist hinlänglich bekannt. Weniger aber seine Leistung in der Medienpolitik.

Politiker und Medien sind aufeinander angewiesen. Jene brauchen Informationen, die anderen die Öffentlichkeit. Politiker möchten natürlich, dass ihre «Heldentaten» publik werden. Deshalb buhlen sie um die Gunst der Medien. Am intensivsten um die des Fernsehens. Der Bildschirm ist für Politiker verführerisch, übt eine fast magische Anziehungskraft auf sie aus.

In der «Steinzeit» des Fernsehens wurden die National- und Ständeräte einmal pro Session von der Fernsehdirektion eingeladen. Das Meeting endete für diese regelmässig als Tribunal. Die parlamentarischen Mauerblümchen probten den Aufstand und setzten dem damaligen Programmdirektor Guido Frei die verbale Pistole auf die Brust: «Warum immer der und nie ich?» Das Gejammer verdarb den Fernsehmannen die Lust auf solche Zusammenkünfte. Das Massentreffen wurde abgeschafft.

Die Radio- und Fernsehgesetzgebung gehört zur delikaten Parlamentsarbeit. Persönliche Ambitionen und staatspolitische Vernunft geraten sich in die Quere. Die SRG, die Schweizerische Radio- und Fernsehgesellschaft, ist faktisch die letzte nationale Klammer zwischen der Deutschschweiz, der Romandie und dem Tessin. Das wird oft zu gering geachtet.

In der Schweiz unterhält die SRG in drei Sprachregionen autonome Radio- und Fernsehstudios. Finanzierbar ist diese aufwändige Konstruktion allein mit dem Finanzausgleich. Wie ist das zu verstehen? Von den Einnahmen aus den Radio- und Fernsehgebühren wird ein Teil von der Deutschschweiz in die Romandie und das Tessin transferiert. Die Mehrheit hilft den Minderheiten. Das ist das staatspolitische Wunder Schweiz: Minderheiten werden pfleglich behandelt.

Die Mehrsprachigkeit steht medienpolitischen Extremlösungen im Weg. Die deutschschweizerische konservative Rechte, wer sonst, möchte bekanntlich mehr Marktwirtschaft. Aber ein Esel ist kein Pferd. Mehr medialer Wettbewerb, behaupten sie, fördere die Programmvielfalt. Das ist Mumpitz, das Gegenteil trifft zu. Man muss sich nur durch die privaten Programmangebote zappen, um dafür den Beweis zu haben. Das wissen die Rechtsaussen natürlich genau. Programmvielfalt ist die falsche Etikette, Kampf gegen die SRG die wahre Absicht.

Die SRG sei ein Monopolbetrieb und müsse sich in der Schweiz der privaten Konkurrenz stellen, repetieren die SRG-Gegner gebetsmühlenhaft. Die SRG ist faktisch kein Monopolbetrieb, sondern trifft jeden Tag gegen eine übermächtige ausländische Fernsehkonkurrenz an. Das haben neuerdings sogar bürgerliche Hardliner bemerkt. So sieht der neoliberale FDP-Nationalrat Peter Weigelt aus St. Gallen keinen Sinn mehr darin, «das Quasi-Monopol der SRG gegen ein Kartell internationaler Medienkonzerne auszutauschen.» Das ist wenigstens gescheit gesagt.

Dafür tauchen neue Reaktionäre auf. Der Blocher-Intimus und SVP-Spezialist in Sachen Diffamierung der demokratischen Linken, Nationalrat Christoph Mörgeli, hat die Freiheit entdeckt. Allerdings die Freiheit, wie er sie meint. Mit einem parlamentarischen Vorstoss fordert er im Namen der SVP-Fraktion «Freiheit und Unabhängigkeit von Radio und Fernsehen.» Wenn Rechtsaussen diese Begriffe so schwülstig gebrauchen, wollen sie ja unterstellen, heute seien Radio und Fernsehen in der Schweiz nicht frei. Da ist Alarmstufe eins angesagt.

Mörgeli versteht unter «Freiheit und Unabhängigkeit» exakt das Gegenteil von dem, was diese Begriffe aussagen. Die SRG soll vom Staat abgekoppelt, den privaten Anbietern gleichgestellt und so endlich frei werden, täuscht uns der Politjongleur vor. Was er anpeilt, ist etwas ganz anderes: Mörgeli meint frei von den Radio- und Fernsehgebühren, die sollen «verboten werden». Das ist die Freiheit des Clochards unter der Brücke.

Es ist eine groteske Kaskade: Da geben die Mörgelis & Konsorten vor, Unabhängigkeit und Freiheit des Landes damit zu schützen, indem sie einen Beitritt zur UNO und EU ablehnen. Dafür sind sie bereit, die Unabhängigkeit der einzigen nationalen Fernsehanstalt mit einem Finanzboykott zu kappen. Sie würden einen medialen Kahlschlag in Kauf nehmen. Sie meinen, auf dem richtigen Weg zu sein, aber sie wissen nicht, wohin er führt.

Die Streitfrage blieb über all die vielen Jahre stets die gleiche: Wie viel öffentlich-rechtliches und wie viel privates Fernsehen wollen wir? Zweitens: Was dient dem Land? Eine politisch bunte Koalition aus SP, Grünen, CVP, Teilen der FDP und bürgerlichen Romands/Tessinern verhinderte in der Vergangenheit eine gefährliche Schwächung der SRG. Zusammen mit dem Medienminister Ogi ist ein Konzept realisiert worden, das der Blocher-Abbruch GmbH standhalten wird. Erreicht wurde eine gut schweizerische Konsenslösung. Reaktionäre Kreise beschuldigten Ogi, er sei vom Ringier-Verlag «instrumentalisiert» worden.

Das mag sogar so sein. Dann wäre es nicht zum Nachteil der nationalen Interessen gewesen. Ogi pflegte als Bundesrat ein recht dichtes Beziehungsnetz. Neben seinen persönlichen Beratern, den «Ogi-Boys», konsultierte er auch aussenstehende. Der wohl wichtigste und beständigste heisst Frank A. Meyer.

Der Mann eckt an – und wie. Besonders bei den Berufskollegen im Bundeshaus. Das verwundert nicht. Der Beneidete pflegt halt lieber ein gutes Verhältnis mit Politikern. Er ist nur während den Parlamentssessionen im Bundeshaus anzutreffen. Seine Beziehungen zu bestimmten Politikern aber sind geblieben und reichen noch immer bis in Bundesratsbüros. So fragen aus unterschiedlichen Interessen viele, was er treibe und was er eigentlich sei: Journalist, Lobbyist, graue Eminenz? Schlimmer noch – alles in einem.

Der junge Journalist Frank A. Meyer hatte im Bundeshaus früh auf sich aufmerksam gemacht. Schon in den Sechzigerjahren fand einmal pro Session bei ihm daheim ein Diskussionsabend unter eingeladenen Parlamentariern aus verschiedenen Fraktionen statt. Er war ein spannender

Gastgeber und wunderbarer Gesprächspartner. Wunderbar anregend und aufregend, provokativ und ideenreich, selbstbewusst und engagiert.

Als SPS-Präsident habe ich ihn erlebt. Frank A. Meyer rief um 7 Uhr morgens und um 23 Uhr nachts an, hatte eine Idee, wollte wissen, was ich davon halte, fragte ungeduldig, ob denn die SP schlafe, warum wir nicht reagierten, was los sei mit uns? So viel Aufsässigkeit konnte gehörig auf die Nerven gehen, nicht lange allerdings. Was soll schon daran anstössig sein, wenn einer anruft, mir einen Einfall mitteilt, einen Geistesblitz hat und mich drängt, das zu überdenken? Es gibt ja so wenige, die das tun. Als Politiker, das ist meine Erfahrung, bin ich froh über einen wie Frank A. Meyer, der animiert, inspiriert und mit dem man gerne diskutiert.

Frank A. Meyer war und ist auch mit anderen Bundesräten befreundet. Heute ist er der engste Vertraute von Konzernchef Michael Ringier, moderiert seit Jahren nebenbei die Fernsehsendung «Vis-à-Vis» und hat einen Lehrauftrag an der Hochschule St. Gallen. Der ehemalige Schriftsetzer machte eine imposante Karriere.

Der Vorwurf, Ogi sei medienpolitisch von Ringier «instrumentalisiert» worden, zielte natürlich auf den als unheimlich empfundenen «Einflüsterer» Frank A. Meyer. Dazu braucht es immer zwei. Politisch übernahm Ogi die Verantwortung, von wem und mit wem immer er sich beraten liess. Ich wüsste zudem nicht, was zu kritisieren wäre, weil ein Bundesrat sich ausserhalb der Verwaltung und gewohnten Umgebung mit einem interessanten Zeitgenossen über Gott und die Welt, selbstverständlich auch über Politik, unterhält.

Über viele Jahre hinweg gab es in der medienpolitischen Landschaft zwei Gräben: Einen zwischen der SRG und der Wirtschaft, einen zweiten zwischen der SRG und den politischen Rechtskonservativen. Aus beiden wurde auf die SRG geschossen. Dabei ging es praktisch nur um das Fernsehen, kaum einmal um das Radio, und das ausschliesslich in der Deutschschweiz. Die Kritik begnügte sich mit pauschalen Verdächtigungen. Die meist wiederholte war, das Fernsehen sei von links unterwandert. Kritischer Journalismus war einfach mit links gleichgesetzt worden. Irgendwann merkten kluge Köpfe im bürgerlichen Lager, dass die SP gar nicht so viele Komplimente verdient hatte. Die Linkshetze findet seither nur noch in sektiererischen Blättchen abseits der eidgenössischen Wirklichkeit satt.

Die Sehnsucht nach einem Privatfernsehen aber hörte nie auf. Am meisten störten die Romandie und das Tessin die meist hochfliegenden Pläne. Private Betreiber, die von den Werbeeinnahmen leben, könnten kein gesamtschweizerisches Fernsehen finanzieren. Tele 24 von Roger Schawinski und TV 3 gibt es deshalb nur in der Deutschschweiz mit dem absoluten Schwerpunkt Zürich. Daneben senden bereits unzählige lokale Kleinfernsehen, städtische Lokalstationen stundenweise, ohne Ehrgeiz für ein Vollprogramm.

Alex Krauer, Ex-Verwaltungsratspräsident von Novartis und UBS, forderte im Namen der Wirtschaft einen zweiten SRG-Fernsehkanal mit einem privaten Fenster. Diese Idee deckte sich mit der aus dem Ringier-Haus. Vermutlich war dies kein Zufall. Ogi nahm sie auf, setzte sie um und gab grünes Licht für den Sender «S Plus». Mit einem schlauen Schachzug bestimmte er nicht Zürich, sondern Bern als Direktionssitz. Das passte dem Programmdirektor Peter Schellenberg gar nicht. Die demonstrative Distanz zum Zürcher Fernsehstudio sollte das Besondere an «S Plus» unterstreichen: Ein SRG-Sender mit spezieller Eigenständigkeit. Das von der Wirtschaft gewünschte private Fenster wurde von der BaZ-Gruppe, NZZ und Ringier übernommen, um mit der Presse-TV ein eigenes Programm zu senden. Die SRG stellt die Hardware, die Presse-TV die Software.

Das Experiment mit «S Plus» dauerte zwar mehr als nur einen Sommer, wurde aber doch früher abgebrochen als erwartet. Im Nachhinein erwies es sich als der ideale Vorläufer für das heutige Konzept mit SF 2, DRS (Schweizer Fernsehen der Deutsch-Rätoromanischen Schweiz). Damit aber ging ein alter Wunsch von Programmdirektor Peter Schellenberg in Erfüllung. Der zweite Kanal erlaubt eine erhebliche Steigerung der Programmqualität und, sehr wichtig, das private Presse-TV-Fenster mit der Gruppe Basler Zeitung, Neue Zürcher Zeitung sowie Ringier ist aufgewertet worden. Mit «S Plus» wurde die Spur gelegt, auf der SF 2 DRS fortfährt. Das nationale Fernsehen ist gegen die internationale Konkurrenz gestärkt worden, Presse-TV sendet nun aus der ersten Reihe, der Kompromiss zwischen dem öffentlich-rechtlichen und privaten Fernsehen funktioniert.

Der Medienminister Adolf Ogi darf dafür ein Verdienst für sich in Anspruch nehmen. Für einen bürgerlichen Politiker war es nicht selbstverständlich, die Anliegen der SRG gegen zeitweise massiven Druck von rechts vorzuziehen und sie staatspolitisch geschickt mit legitimen Ansprüchen der privaten Konkurrenz zu kombinieren. Seine liberale Gesinnung hebt sich vorteilhaft von Leuten aus seiner Partei ab, die kaputtmachen wollen, was ihr SVP-Bundesrat im Verbund mit aufgeschlossenen politischen Kräften aufgebaut hat.

TV 3 der Tamedia AG («Tages-Anzeiger») startete im Herbst 1999 mit seinem Programm und hat nach schwachem Anfang bald stark nachgelassen. Die einzige Informationssendung wurde nach kurzer Anlaufzeit aus dem Programm gekippt. Um Kosten einzusparen, wie es hiess. Das war bestimmt ein willkommener Vorwand dafür, dass es aussichtslos ist, gegen die «Tagesschau» der SRG-Sender antreten zu wollen. TV 3 hat daher höhere Ansprüche zurückgeschraubt und sucht die Publikumsgunst mit «Big Brother» zu ergattern. Das ist vorläufig gelungen. Die Kamera dringt immer aufdringlicher in die Schlafzimmer ein. Deutsche Privatsender veranstalten bereits einen Frauenmarkt, wo Millionäre als Liebhaber auf Einkauf gehen können. Neuer Tiefpunkt: In Holland buhlen auf dem Bildschirm allein stehende Frauen um die Samenspende des Kandidaten. Alles live in die Kinderstube.

Warum müssen deutsche Privatsender sich auf ein solch tiefes Niveau begeben? Fernsehen ist teuer, sehr teuer. Mit der «Sternstunde» von SF DRS am Sonntagmorgen, in der Philosophen, Historiker oder sonst wie hochkarätige Gäste auftreten, wird das breite Publikum nicht erreicht. «Sternstunden» sind für die Werbebranche geschäftlich uninteressant, also haben sie beim privaten Fernsehen kaum eine Chance.

Werbeeinnahmen fliessen nur bei hohen Einschaltquoten üppig genug. Sie werden nur mit Sport und Unterhaltung erreicht. Fussball leidet bereits an einer Überdosis. Mit Champions League, UEFA-Cup, Bundesliga am Freitag, Samstag, Sonntag und Montag ist die einst köstliche sportliche Delikatesse zum Fast Food verkommen.

Die Unterhaltung ist extremen Abnützungen ausgeliefert. Gesendet wird nach dem angeblichen Publikumsgeschmack: Wer im Seichten badet, ertrinkt wenigstens nicht. Die Probe gelingt spielend. Man zappt sich fröhlich durch das angeblich vielfältige private Programmangebot und kann an einem Abend mühelos 45 Morde miterleben. Das ermüdet. Also müssen neue Knüller her: «Robinson», «Big Brother», Millionär kauft Frau, Frau sucht Samenspender, Samenspender spendet live. Fortsetzung folgt.

Im Orient finden Hinrichtungen vor viel Publikum öffentlich statt. Uns sträuben sich beim Gedanken daran die Haare. Lassen wir die Empörung. Wo ein Unglück passiert, ein Haus brennt oder sich sonst eine Tragödie abspielt, stets müssen Feuerwehr und Polizei die vielen neugierigen Gaffer auffordern, doch bitte zurücktreten zu wollen. Das «Big Brother»-Kalkül setzt die offenbar unersättliche menschliche Neugier in Moneten um. Was reizt, ist das Gucken durch das Schlüsselloch beim Nachbarn oder wo sonst es sich nicht schickt. Das Fatale für diese fade Fernsehkost live: Die Spannungsspirale sinkt auf ein noch primitiveres Niveau ab. Ein Ende ist nicht absehbar. Irgendwann wird solche Unterhaltung, die sich selber pervertiert, immer mehr Fernsehkonsumenten zum Kotzen verleiden. Was dann? Gut, dass wir das öffentlich-rechtliche Fernsehen haben. Ein Grund, auf das Schweizer Fernsehen DRS zu verzichten, besteht weiss Gott nicht. Ogi sei Dank.

6. Ein Stich ins Neat-Herz

Weltweit sind nur die Japaner bahnfreundlicher als wir Schweizer. Sie bringen es im Durchschnitt pro Einwohner noch auf ein paar Kilometer mehr im Jahr. Gemessen an der Beliebtheit ist die Bahn bei uns in der Nachkriegszeit eher stiefmütterlich behandelt worden. Ich erinnere mich an ein Aha-Erlebnis in Dänemark. Es war 1979, meine Frau, die Kinder und ich fuhren mit dem Regionalzug von Naestved nach Kopenhagen, 2. Klasse. Wir sassen in gepolsterten Sitzen mit geräumigen Abständen und grosszügig angeordneten Sitzensembles. Das gab es bei uns nur in der 1. Klasse. Als ich mich beim Kondukteur erkundigte, erläuterte er mir die Absicht: «Die Leute fahren praktisch nur mit modernen Autos herum, da können wir doch nicht mit alten und unbequemen Wagen in Konkurrenz treten. Der Mensch ist heutzutage an Komfort gewöhnt, den bieten wir ihm auch bei der Bahn.» Der Generaldirektor der SBB hätte nicht überzeugender argumentieren können.

Seither sind 22 Jahre vergangen. Mir imponierte die dänische Ausstattung mit gewissem Luxus deshalb besonders, weil uns die SBB damit nicht verwöhnten. Veraltete Wagen liessen die damaligen Bahnchefs in den eigenen Werkstätten liebevoller pflegen als ihre Kunden. Das Bahngeschäft war für sie zuerst mal ein technisches, erst dann eines für die Reisenden. So konnte man auf dem zügigen Perron im Bahnhof Bern ruhig 18 Minuten über die Abfahrtszeit hinaus warten, bis endlich die Meldung durchgegeben wurde, der Zug von Interlaken nach Basel habe wegen eines

Sturmschadens zirka 45 Minuten Verspätung. Die verbleibende Wartezeit reichte dann nicht mehr aus, um im Buffet das Nachtessen nachzuholen.

Tempi passati. Heute ist die Bahn ein kundenfreundliches Dienstleistungsunternehmen, das Güter und Personen transportiert, nicht sich selbst. Mit dem Projekt Bahn 2000 ist ein gewaltiger Modernisierungsschub ausgelöst worden. Natürlich werden auf der Paradelinie St. Gallen-Zürich-Bern-Lausanne-Genf die modernsten Wagen eingesetzt und fahren die Züge im Halbstundentakt. Der Andrang ist hier am grössten, überfüllte Wagen sind nicht die Ausnahmen. Die neue Pendolino-Zugskomposition fährt vorerst auf der Linie Genf-Zürich über Biel-Solothurn und nicht auf der von Basel nach Luzern. Die Nachfrage bestimmt das Angebot. Je mehr Reisende, desto mehr Fahrkomfort.

Was in der Schweiz aber wirklich fabelhaft funktioniert, ist der Regionalverkehr. In Deutschland sind in den letzten fünfzehn, zwanzig Jahren die Hauptlinien ausgebaut und fantastische ICE-Züge angeschafft worden. Wenn ich von Basel nach Berlin oder nach Hamburg fahre, ist das im ICE-Zug für mich der pure Hochgenuss. Muss ich dann aber in Karlsruhe auf den Zug nach Heidelberg umsteigen, werde ich in die Vorkriegszeit zurückgeworfen. Es ist, als ob man in völlig veralteten Wagen der ehemaligen Reichsbahn aus der längst untergegangenen DDR reisen würde. Grausam.

Ein derartiges Qualitätsgefälle zwischen Haupt- und Nebenlinien kennen wir nicht. Private Lokal- und Regionalbahnen decken die Kundenbedürfnisse fast durchwegs erstaunlich gut ab. Diese so genannten Privatbahnen gehören zur Hauptsache den Gemeinden und Kantonen und wurden darüber hinaus in der Vergangenheit vom Bund recht grosszügig subventioniert, um ihren Wagenpark à jour zu halten.

Wo die SBB Lokal- und Regionallinien betreiben, sind die Kantone Teilnehmer geworden. Da wurde aus der Not eine Tugend gemacht. Über Jahre sorgte das SBB-Defizit im

Parlament für politische Fieberschübe. Je länger das Defizit in der Bundeskasse anhielt, desto bedrohlicher wurde es für die SBB. Benedikt Weibel fädelte eine Entlastungsstrategie ein. Regionen und Kantone müssen, sagte er sich, an den Lasten beteiligt werden, «sonst kürzen die mir im National- und Ständerat eines Tages die Kredite». Die Rechnung ist aufgegangen. Heute zahlen die Kantone beim Defizit ihrer Lokal- und Regionallinien mit. Sie zahlen nicht nur, sie sind auch Besteller. Das heisst, sie bestimmen, wie viele Züge verkehren. Die SBB sind Auftragnehmer.

Regierungsräte sind näher bei den Leuten als SBB-Generaldirektoren. Sie wissen, dass die Aufhebung der Bahnlinie, und mag sie noch so bescheidene Frequenzen aufweisen, einen «Volksaufstand» auslösen würde. Den können und wollen sich die Volksvertreter nicht leisten. Deshalb fahren zum Beispiel auf der wirklich stark defizitären Linie Delémont-Porrentruy-Boncourt die Züge im Stundentakt. Keine jurassische Regierung wird es riskieren, sie stillzulegen. Es sei denn, gegen einen umwerfenden Ersatz.

Dieses Eisenbahnkonzept halte ich für vorbildlich. Das flächendeckende Angebot unterscheidet sich vorteilhaft von dem in Deutschland, auch von dem in Frankreich und Italien. Es war der Verkehrsminister Adolf Ogi, der den Defizitverbund zwischen SBB und den Kantonen mitgetragen hat. Man könnte darüber spekulieren, wer zuerst die Idee gehabt, das Konzept entwickelt, wer wen überzeugt hat. Lassen wir das. Mir genügt ein Bundesrat, der gute Vorschläge übernimmt und unterstützt, statt sie abzuwürgen.

Die Schweiz muss aber auch für den grossen Transitverkehr von einem europäischen Raum in den anderen ausgerüstet sein. Sie war im 19. Jahrhundert mit dem geradezu verwegenen Bau der Gotthardbahn auf dieser europäischen Schiene vorangegangen. Es reicht nicht mehr, den Enkeln aus dieser Pionierzeit die tollsten Geschichten zu erzählen, aber auf dem alten Trassee hocken zu bleiben.

Wem wäre die Aufgabe, die «Neue Eisenbahn-Alpentransversale», Neat, politisch aufzugleisen, besser auf den Leib geschrieben gewesen als Adolf Ogi? Er, der ständig die Herausforderung sucht, hier hatte er sie. «Ich mache jeden Tag einen Neustart. Ich mache mich jeden Morgen in jeder Beziehung frisch», hat er einmal seine Befindlichkeit skizziert. An der Neat hatte er einen Brocken, um sich «jeden Tag» zu bewähren.

Die Neat ist ein Jahrhundertwerk. Es werden zwei Basistunnel gebaut: Der 53 Kilometer lange durch den Gotthard, der zweite mit 30 Kilometer durch den Lötschberg. Der jetzige Gotthardtunnel hat viele Kehren und Steigungen. Sie drücken auf das Tempo. Der Schnellzug von Basel nach Lugano benötigt fast gleich viel Zeit wie der von Basel nach Paris. Mit dem Auto dauert die Reise von Basel ins Tessin halb so lang. Die Basistunnel erlauben eine höhere Geschwindigkeit. Die Eisenbahn wird konkurrenzfähig mit der Autobahn. Endlich.

Natürlich blieb der Auftrag, zwei Basistunnel zu erstellen, umstritten. Es gab die «Gotthardianer», die auf den Lötschberg verzichten wollten. Ogi verteidigte die Doppellösung. Der Gotthard als zentralste Transitachse in Europa war gesetzt. Der Verdacht, Ogi befürworte die Lötschbergvariante aus rein lokalpolitischen Gründen, ist gedanklich zu kurz gegriffen. Der Kanton Bern hätte sich ohne Lötschberg zwar nicht von der Schweiz verabschiedet, aber sicher mit der Romandie zusammen eine mittlere Staatskrise ausgelöst.

Beim Lötschberg ging es für die Romands um «Sein oder Nichtsein». Einflussreiche Kreise stilisierten die Lötschbergfrage zum staatspolitischen Testfall hoch: Gehört die Romandie noch zur Schweiz, oder wird sie ins Abseits gestellt? In der föderalistischen Schweiz mit ihren Minderheiten ist Verkehrspolitik eben nicht nur eine rein rationale und eher technische Frage, sondern vielmehr noch eine emotionale staatspolitische Aufgabe.

Die SBB halfen mit, den verbalen Schlagabtausch mit dem Hinweis zu glätten, der Lötschberg werde primär als

Güterbahn, der Gotthard dafür vor allem als Personenbahn gebraucht. Heute behindern sich auf der Gotthardstrecke, nicht nur dort, Schnell-, Regional-, Lokal-, Güter- und Huckepackzüge. Sie fahren unterschiedliche Geschwindigkeiten. Der Langsame bremst den Schnellen. Das ist, wie wenn auf der Autobahn auch noch Traktoren und Velofahrer zugelassen würden.

Das Neat-Projekt brachte Ogi in politische Fahrt. Der Gedanke, für den längsten Tunnel der Welt als Verkehrsminister zuständig zu sein, passte dem Rekordjäger. Da war er in seinem Element. Die Planung kam zügig voran, die Vorlage an den Bundesrat konnte in kurzer Zeit vorgelegt werden. Die Kollegialbehörde tritt gegen aussen als eigentliche Antragsstellerin auf. Deshalb diskutierte sie den grossen Neat-Brocken intensiver als die reinen Routinegeschäfte.

Hat sich der Bundesrat zu einem Antrag durchgerungen, leitet er ihn als «Botschaft» an die eidgenössischen Räte weiter. «Botschaft» ist die offizielle Sprachregelung. Darin wird dargelegt, weshalb der Bundesrat, im konkreten Fall, den Bau der Neat vorschlägt. Diese «Botschaft» bildet die Grundlage für die Beratungen im National- und Ständerat. Bevor ein Geschäft ins Ratsplenum kommt, wird es in der dafür zuständigen Kommission vorberaten. Die Kommission stellt dem Gesamtrat ihre Anträge. Kann sie sich nicht einigen, gibt es Mehr- und Minderheitsanträge. Weichen sie auch vom Bundesratsvorschlag ab, muss das Plenum entscheiden, ob es der Kommission oder dem Bundesrat folgen will.

Jedes Geschäft wird in beiden Räten behandelt. Wer Erst- und wer Zweitrat ist, entscheidet das «Büro», vergleichbar mit einem Vereinsvorstand. Das «Büro» ist sozusagen der Vorstand des Stände- und des Nationalrates. Wenn es darum geht, die anfallenden Geschäfte auf die beiden Räte zu verteilen, tagen die beiden «Büros» gemeinsam. Weil ein Geschäft nicht in beiden Kammern gleichzeitig bearbeitet werden darf, wird eben entschieden, wer Erstrat ist.

Wenn National- und Ständerat ein Geschäft abgeschlossen haben und zwischen ihnen keine Differenzen mehr bestehen, folgt die Schlussabstimmung. Für beide Räte findet sie am letzten Tag einer Session statt. Die Neat-Vorlage passierte den National- und Ständerat mit grossen Mehrheiten. Gegen den Beschluss kam das Referendum zustande. Am 27. September 1992 fand die Volksabstimmung statt. Adolf Ogi erlebte einen grossen Tag. Sein «Lebenswerk» war mehrheitlich gutgeheissen worden.

In den «Erläuterungen des Bundesrates» an die Stimmberechtigten, im Volksmund «Abstimmungsbüchlein» genannt, ist das Neat-Projekt beschrieben worden. Um in Erinnerung zu rufen, um was es ging und heute noch geht, sei das Wesentliche zitiert:

- «Die Neat verstärkt unsere verkehrspolitische Position, sie erhöht die Standortgunst der Schweiz. Unsere Betriebe sind leichter zu erreichen, auch der Tourismus wird von den besseren Zufahrten in die Schweiz profitieren.»
- «Unsere Nachbarländer unternehmen grosse Anstrengungen, um das Eisenbahnnetz attraktiv zu gestalten. Die Schweiz hat alles Interesse daran, Zugang zum europäischen Verkehrsnetz von morgen zu erhalten. Die Neat verschafft uns diesen Zugang.»
- «Von Zürich aus werden Mailand in gut 2 Stunden, Paris und Frankfurt in 3 Stunden, London und Rom in knapp 5 Stunden erreichbar sein.»
- «Die Schweiz liegt mitten in Europa. Ein beträchtlicher Teil des Transitgüterverkehrs zwischen Norden und Süden führt heute durch die Schweiz. 85 Prozent auf der Schiene, 15 Prozent auf der Strasse. Wenn wir den ständig zunehmenden Verkehr weiterhin mit der umweltfreundlichen Bahn bewältigen wollen, brauchen wir die Neat.»
- «Mit der Neat kann der gesamte künftig auf unsere Nord- und Südgrenzen zurollende Gütertransitverkehr von der

Bahn bewältigt werden. Müsste er auf der Strasse abgewickelt werden, so ergäbe das 7 bis 9 Millionen Lastwagen-Durchfahrten pro Jahr.»
- «Zur Neat gibt es keine realistische Alternative; es sei denn um den Preis verstopfter Strassen.»
- «Für Neat-Bauvorhaben hat das Parlament einen Kredit von 14,9 Milliarden Franken zum Preisstand 1991 bewilligt. Hinzu kommen die Zinskosten. Wie hoch schliesslich die effektiven Gesamtkosten sein werden, hängt – wie bei allen langfristigen Bauvorhaben – von der Bauteuerung, von der Zinsentwicklung und von den Realisierungszeiten ab.»
- «Die Mittel werden den Bahnen in Form von Darlehen zur Verfügung gestellt, welche diese nach der Inbetriebnahme innerhalb von 60 Jahren zurückzahlen müssen.»
- «Die auf sehr vorsichtigen Annahmen basierende Wirtschaftlichkeitsrechnung hat gezeigt, dass die Rentabilität der Investitionen langfristig gegeben und die Neat darum auch wirtschaftlich interessant ist.»
- «Auch den Automobilisten bringt die Neat viel: den Autoverlad am Lötschberg, den kombinierten Güterverkehr und eine allgemeine Entlastung der Strassen. Deshalb hat das Parlament vorgesehen, dass ein Viertel der Kosten durch Treibstoffzollmittel gedeckt wird.»
- «Die restlichen drei Viertel werden auf dem Anleihensweg durch den Bund beschafft. Da mit einer Bauzeit von 10 bis 15 Jahren zu rechnen ist, verteilen sich die Belastungen für den Kapitalmarkt auf mehrere Jahre.»

Die «Erläuterungen des Bundesrates» hätten unpräziser nicht sein können. Zwar wurde nicht verschwiegen, dass die Neat zu drei Vierteln mit langfristigen Darlehen finanziert, also auf Pump, gebaut wird. Wie aber die Zinseszinsrechnung nach 60 Jahren Amortisationszeit aussehen würde, darüber war im «Bundesbüchlein» nichts zu erfahren.

Wenn ich die Seelenlage von Herrn und Frau Schweizer realistisch einschätze, gehe ich davon aus, am Abstimmungstag sei es ihnen um das Ja oder Nein zur Neat gegangen. Nach gemachten Erfahrungen mit Tunnelbauten im Besonderen und beim Misstrauen gegenüber angeforderten Baukrediten im Allgemeinen spielte der Neat-Kredit von 14,9 Milliarden Franken vermutlich nicht die allein entscheidende Rolle. Die meisten dürften sich sowieso gesagt haben, am Schluss koste die Neat «todsicher» das Doppelte.

Das Doppelte wären 30 Milliarden Franken gewesen. Diese Zahl war auch schon bei den Neat-Beratungen im Nationalrat herumgeboten worden. Dass die Neat aber 300 Milliarden Franken, also das Zwanzigfache der Summe, über die abgestimmt worden ist, kosten könnte, das überstieg wohl das Vorstellungsvermögen der allermeisten.

Angeblich ist das 300-Milliarden-Ungetüm durch eine gezielte Indiskretion vom Finanzdepartement in die politische Umlaufbahn gebracht worden. Die Finanzdelegation, ein Kontrollorgan der Finanzkommission beider Räte, löste Grossalarm aus. Ihr Präsident, der Luzerner FDP-Nationalrat Manfred Aregger, schaute böse drein und machte eine sehr ernste Miene zum üblen Spiel. Ungelegen kam es ihm kaum. Aregger wurde eher zum Leidwesen als zur Freude von Adolf Ogi Präsident des Schweizerischen Skiverbandes. Das genügte, dass Aregger nicht zu Ogis Intimfreunden gehörte.

Adolf Ogi war gefordert. Er hatte sich für die Neat-Vorlage fast zerrissen, war kreuz und quer durch das Land von einer Versammlung zur anderen unterwegs gewesen, gab Interviews am laufenden Band und stellte seinen Einsatz unter das Motto: «Das nächste Jahrhundert wird ein Eisenbahnjahrhundert sein – mit oder ohne uns.» Er liebt grosse Worte. An ihnen richtet er sich auf.

Die 300-Milliarden-Gerüchte-Lawine brachte den von Bundesrat und Parlament beschlossenen und vom Stimmvolk zur Kenntnis genommenen Finanzierungsmodus ins Wanken. Die Fehlrechnung wurde Ogi allein angelastet. Sie war aber ein Gesamtkunstwerk der Exekutive und Legislative mit kollektiver Mitverantwortung. Das festzuhalten ist für den zum Drama mutierten Neat-Baukredit nicht unwichtig.

Der Streit um die Neat-Milliarden eskalierte anfangs 1994 sturmartig und erreichte den ersten Höhepunkt dann im Sommer. Die «Basler Zeitung» hielt fest: «Auslöser ist Finanzminister Otto Stich. Bereits im Mai 1993 äusserte er angesichts der gähnend leeren Bundeskasse Zweifel über die finanzielle Rentabilität des ‹grössten vom Bund je in Angriff genommenen Werkes› mit einem Volumen von 15 Milliarden Franken. Am 27. Juli verbreitete Stich seine Zweifel erneut per Interview am Westschweizer Radio und plädierte dafür, auf den Bau des Lötschberg-Tunnels zu verzichten.»

Damit war der Frontalangriff auf Ogi eröffnet worden. Stich unterhielt die Nation mit seinen Einwänden, füllte damit das bei den Journalisten ungeliebte Sommerloch – nix is los – und lieferte ihnen politischen Sprengstoff frei in den Computer. Ogi beschwerte sich mit einem unüberhörbar resignativen Unterton, Stichs öffentlich geführter Streit mit ihm sei für die Kollegialität im Regierungsgremium «an und für sich sehr schädlich».

Ogi blieb vorläufig bei dem von seinem Kollegen Stich in Hudeln und Fetzen zerrissenen Finanzierungsmodell. In der Schublade war eine Studie, angefertigt an der Hochschule St. Gallen, deponiert. Darin wurde Ogi entlastet. Der überwiegende Teil der Neat-Milliarden würde die Finanzrechnung des Bundes gar nicht belasten, da sie «auf dem Kapitalmarkt aufgenommen werden». Die Zinsbelastung schätzte der professorale Experte auf höchstens 150 Millionen Franken im Jahr.

Prompt schoss Stichs Finanzchef Ulrich Gygi zurück: «Wir haben Grund, um die Rückzahlung und Verzinsung des Kapitals zu fürchten. Durch Rückzahlungsfristen über 60 Jahre nach der Inbetriebnahme mit den ersten Raten ab 13 Jahren beim Lötschberg, beziehungsweise 25 Jahren beim Gotthard, wird das betriebswirtschaftliche Rentabilitätskonzept überstrapaziert.» Er hatte zusammen mit Peter Siegenthaler, dem heutigen Direktor der Eidgenössischen Finanzverwaltung, schon 1993 die Neat-Rechnung nach allen Regeln der Finanzkunst analysiert und abmontiert.

Auf gut Deutsch hiess das: So geht es nicht. Es muss ein neues Finanzierungskonzept ausgearbeitet werden. Gygi und Siegenthaler lieferten es.

Ogi seinerseits suchte Halt beim Sport. «Dort gelten», erinnerte er an das Fairplay, «feste Spielregeln. In der Politik hingegen werden sie während des Spiels geändert und werden Entscheide immer wieder in Frage gestellt.»

Er fühlte sich persönlich angegriffen: «Sie wollen mich nur kaputtmachen», klagte er, «sie wollen mir den letzten Stoss versetzen.» Solche Worte verraten seine inneren Gefühle, seine Unsicherheit und Verletzlichkeit. Ogi war angeschlagen, fühlte sich ungerecht behandelt, verstand nicht, weshalb die vom Volk glänzend angenommene Neat-Vorlage plötzlich ins Rutschen geraten war. Er vermutete eine von seinem Rivalen Otto Stich angeführte Kampagne gegen ihn: «Es gibt Kritik, die inszeniert wird, um dem politischen Gegner, um unserer Partei zu schaden.» Es war einer der seltenen Momente, wo er sich hinter der Partei verschanzte. Stich, das wusste er, verfügte über das fundiertere Finanzwissen, mit dem er die Schwachstellen aufgedeckt und ihn schonungslos damit konfrontiert hatte. Stich spielte aber auch auf den Mann, Ogi war nun mal sein Lieblingsgegner.

In jedem Kollektiv mögen sich die einen mehr, die andern weniger. Da machen Bundesräte keine Ausnahme. Zur Geschäftsgrundlage gehört, solche Rivalitäten unter Kontrolle zu halten, nach aussen Geschlossenheit zu markieren. Ogi und Stich sind völlig gegensätzliche Persönlichkeiten. Stich kann bissig sein, unversöhnlich, hartnäckig, oft auch stur. Wer ihm passt, der hat es gut um ihn. Wer nicht, hat nichts zu lachen. Ogi, da machte er nie einen Hehl daraus, lag ihm nicht. Es gibt für Animositäten persönliche Gründe, die rational gar nicht zu erklären sind, und politische, die das Klima zusätzlich belasten.

Adolf Ogi hat unter Otto Stich gelitten und sagte im September 1995 in einem Interview dennoch: «Wissen Sie, die Zwistigkeiten zwischen mir und ihm (Stich) sind aufgebauscht worden. Mir hat das leid getan. Ich komme persönlich mit Stich sehr gut aus. Auseinandersetzungen waren aber unvermeidlich. Stich musste zu den Finanzen schauen und ich muss bauen. Wir sind beide Kämpfernaturen.» Das ist ein Kompliment bis zur Selbstverleugnung. Solches wird von Stich eher als Schwäche wahrgenommen und kaum mit Dankbarkeit quittiert.

Die beiden Widersacher stimmten in einem Punkt überein: Wer gradlinig ist, weicht von der Parteilinie ab. In der Europafrage lässt Ogi seine Isolationspartei rechts liegen und befürwortet die Öffnung der Schweiz zur Europäischen Union. Mehr noch, Ogi ist ein EU-Fan. Das könnte man vom Sozialdemokraten Stich, auch er im Clinch mit der Partei, nicht behaupten. Ich habe nie mit Sicherheit herausgefunden, ob er nun ein EU-Skeptiker oder ein EU-Gegner ist. Ich meine, eher ein Gegner. Aber die Sphinx lässt mich im Ungewissen.

Stich hat die aussenpolitischen Aktivitäten von Ogi in Richtung Brüssel und Nato nie goutiert. Der 1992 vom Verkehrsminister Ogi ausgehandelte Transitvertrag mit der EU passte ihm nicht in den Kram. Ob er Ogis Seitensprünge ins Ausland für grundsätzlich verfehlt hielt, glaube ich nicht. Denn Stich selber brachte als Finanzminister ebenfalls eine aussenpolitische Trophäe mit nach Bern: Das Abkommen der Schweiz mit der Weltbank und dem Internationalen Währungsfonds. Zum Erstaunen vieler so genannter Politprofis gewann er damit sogar die Volksabstimmung. Das war Stichs Meisterwerk.

«Otti, bist du eigentlich noch Mitglied des Bundesrates?» Diese Frage stellte ich Otto Stich nach dem munteren Stich-Sommer 1994 an der ersten Sitzung des Fraktionsvorstandes nach den Parlamentsferien. Etwas verdutzt hat er mich schon angeschaut. Ich spielte auf das Neat-Festival mit Ogi als Bösewicht in der Hauptrolle an und untermalte das Ganze mit der Bemerkung, ich sei immer der Auffassung gewesen, Probleme würden im Bundesratskollegium diskutiert und nicht auf dem Marktplatz ausgebreitet. Er «antwortete» mit einem rätselhaften bis verschmitzten Lächeln. Da weisst du nie, ob er dich auslacht oder ob er signalisiert, du hast mich durchschaut.

Der Neat-Finanzierungsmodus war nicht mehr zu halten. Die Einsicht hatte gesiegt, eine solche Schuldenwirtschaft wäre im Blick auf die nachfolgenden Generationen nicht zu verantworten. Finanzminister Otto Stich hatte sich durchgesetzt. In Sachen Finanzen macht ihm so schnell keiner etwas vor. Seine Beharrlichkeit kann lästig sein, er denkt nicht daran, den oder die Kontrahenten dabei unnötig zu schonen. Das musste der leidgeprüfte Ogi ertragen. Stich hielt den offiziellen Finanzierungsvorschlag von Anfang an für unseriös, bekam aber erst im zweiten Anlauf Recht. Er hatte von einer renommierten Treuhandgesellschaft alles nachrechnen lassen. Ohne Wenn und Aber kam sie zum Ergebnis, die Tunnelbetreiber SBB und BLS würden die Neat-Darlehen auch am St. Nimmerleinstag nicht zurückzahlen können.

Ich werde die Sitzung in der Verkehrskommission des Nationalrates nicht vergessen, als der Experte der Treuhandfirma Coopers&Lybrand den Bericht erläuterte, und Ulrich Gygi, damals noch Direktor der Eidgenössischen Finanzverwaltung, die Schlussfolgerungen aus der Sicht seines Departementes darlegte, und wie Adolf Ogi darauf reagiert hat. Er ging auf die für ihn verheerenden Ausführungen mit keinem Wort ein, sondern überspielte seine Enttäuschung, vielleicht auch seine Erleichterung, dass der Zahlenkrieg endlich aufhörte, auf seine Art: «Packen wir wieder Grosses an. Trotzen wir dem Zeitgeist und seinem trüben Alltag. Wenn nur Krämergeist das Verhalten der Väter des ersten

Gotthardtunnels bestimmt hätte, würden wir den Gotthard heute noch mit dem Maulesel überqueren.»

Ogi zelebrierte eine Neat-Religionsstunde. Mit fast übersinnlicher Kraft ignorierte er das Unangenehme. Die aufgedeckte Fehlrechnung bei der Finanzierung vermochte seine tiefe Überzeugung, mit der Neat den eisenbahnpolitischen Durchbruch geschafft und damit dem Land den Weg nach Europa geöffnet zu haben, nicht zu erschüttern. Was ist schon eine finanzielle Entgleisung auf dem Papier gegen den längsten Eisenbahntunnel der Welt? «Wir haben keine Finanzierungspleite, sondern eine Vollzugskrise», meinte er trotzig.

Von einem Finanzdebakel könne keine Rede sein, wehrte sich Ogi. Heute werde alles nur noch finanziell beurteilt. Eine Verengung der Optik auf die betriebswirtschaftliche Rentabilität sei nicht zulässig. Alle anderen Faktoren, wie der volkswirtschaftliche Nutzen, die Umwelt- und Europapolitik, würden völlig vergessen. Die Vorwürfe der Fehlplanung oder gar Irreführung im Vorfeld der Volksabstimmung wies der Verkehrsminister in aller Form zurück.

Ogi war nach dem für ihn glänzenden Jahr 1993 als Bundespräsident in eine Formkrise geraten. Begonnen hatte sie mit der Bruchlandung bei der Alpeninitiative. Nun drohte ihm mit dem Neat-Tief der Absturz. Er kämpfte mit dem Mut des im Sport abgehärteten Kämpfers, der nicht verlieren will, dagegen an: Herr gib mir Geduld, aber bitte sofort!

Zerknirscht verteidigte er sich im aufrechten Gang: «Ich bin nun mal ein Krebs und bin empfindlich auf ungerechtfertigte Kritik. Ich bin nicht niedergeschlagen. Ich habe ein gutes Gewissen. Ich mache Fehler, aber ich habe mir nichts zuschulden kommen lassen.» In einem Hollywoodfilm hätte er noch ein paar Tränen hervorgepresst und das Volk hätte ihm zugejubelt.

Ein Jahr später war es so weit: «Der Bundesrat hat eine andere Finanzierung beschlossen. Das hat Herr Stich erreicht. Ich habe Hand dazu geboten», sagte Ogi in einem Interview. «Aber der Bundesrat hat gegen eine Amputation entschieden und am Netzkonzept mit Gotthard und Lötschberg festgehalten. Für mich ist das ein Erfolg.» Der Match Stich gegen Ogi endete 1:1. Die Neat wird nach dem Ogi-Plan gebaut und nach dem Stich-Rezept finanziert.

Sechs Jahre nach der Neat-Abstimmung, Ogi war nicht mehr Verkehrsminister, wurde über ein Finanzpaket für den öffentlichen Verkehr mit Schwerpunkt Neat abgestimmt. Es dürfte die grösste Finanzvorlage in der Geschichte der direkten Demokratie gewesen sein. Der Bundesrat verlangte Zustimmung zu 30,5 Milliarden Franken für eine Bauzeit von 20 Jahren:

- Bahn 2000, 1. Etappe 7,5 Milliarden
- Bahn 2000, 2. Etappe 5,9 Milliarden
- Neat 13,6 Milliarden
- Hochgeschwindigkeitsverkehrs-Anschluss mit TGV und ICE 1,2 Milliarden
- Lärmsanierung 2,3 Milliarden

Woher kommen die Einnahmen? Es werden zweckgebundene Steuern und Abgaben erhoben, die während 20 Jahren in einen Fonds fliessen:

- Leistungsabhängige Schwerverkehrsabgabe 16,7 Milliarden
- Mehrwertsteuer-Erhöhung für die Neat 5,8 Milliarden
- Darlehen des Bundes und Bevorschussung durch ihn maximal 9,2 Milliarden

Der Souverän stimmte dem Vorschlag von Bundesrat und Parlament am 29. November 1998 mit deutlichem Mehr zu. Damit können die Grossprojekte am Gotthard und Lötschberg realisiert werden. Der Lötschbergtunnel wird zuerst verfügbar sein. Ab 2012, so sieht es der Zeitplan vor, sollten die Züge auch durch den Gotthardtunnel rollen.

Adolf Ogi hat das Neat-Projekt mit grossem Einsatz und mit einer einmaligen Begeisterung lanciert. Kein Verkehrsminister vor ihm hatte sich dermassen für die Bahn und für den öffentlichen Verkehr insgesamt engagiert. Bei der Finanzierung stolperte er über den Bundesrat und das Parlament. Die hatten zwar seinem Konzept zugestimmt, schlichen sich dann aber, als es sich nicht als wasserdicht erwies, aus der Verantwortung. Sie spielten die berühmte Unschuld vom Lande, als ob Ogi ohne sie alles allein hätte beschliessen können und als ob sie ihre Sorgfaltspflicht nicht im geringsten vernachlässigt hätten. Wobei, das zu verschweigen wäre nur die halbe Wahrheit, Ogi die Hauptverantwortung trug und übernehmen musste. Er war für das Geschäft der federführende Bundesrat und vermochte im ersten Durchgang durchaus geäusserte Zweifel mit seinem Optimismus und Charme zuzudecken.

Rückblickend sei die Frage erlaubt, ob am Ende das zweistufige Verfahren nicht seine taktischen Vorteile hatte? 1992 stimmte das Volk der «billigen» Variante zu. Der Entscheid könnte insofern erleichtert worden sein, als die Neat mit Darlehen finanziert werden sollte, vorderhand also nichts kostete. Die Rechnung folgte erst 1998, im zweiten Durchgang. Da der Souverän schon A gesagt hatte, «musste» er nun auch B sagen.

Die Schweiz ist als Verkehrsdrehscheibe in das europäische Verkehrssystem integriert. Die Neat stärkt ihre Position. Daran hat Adolf Ogi ein grosses Verdienst. Trotzdem waren seine Tage im Verkehrs- und Energiewirtschaftsdepartement gezählt. Auf für ihn enttäuschende Art bekam er die Macht des Faktischen und die Ohnmacht des Erfolges zu spüren.

7. Der verhinderte Aussenminister

Der Schweizer Botschafter in Berlin, Thomas Borer, ist unter politischen Beschuss geraten. Er hat, was für einen Diplomaten schon an Kühnheit grenzt, als Gast in «Viktors Spätprogramm» teilgenommen. Da sassen sie nun, der Komiker und seine Exzellenz, der Botschafter, vor den Fernsehkameras und einem aufgekratzten Publikum. Wer sich bei Viktor Giacobbo aufs Glatteis begibt, ist selber schuld.

Thomas Borer machte beim Wortspiel munter mit, wurde dann aber doch noch auf dem falschen Fuss, der ein Knie war, erwischt. Shawne Fielding, die Frau von Thomas Borer, soll, stichelte Giacobbo, auf dem Knie von Rock-Star Klaus Meine sitzend fotografiert worden sein. Borer bemühte sich, die leicht anzügliche Anspielung zu entschärfen. Der Rock-Star liebe die Männer mehr als die Frauen, soll also, gab er damit zu verstehen, schwul sein. Klaus Meine jaulte anderntags auf: «He, ich bin verheiratet.» Damit hinterliess Borers Auftritt bei Giacobbo einen Misston. Unser eher spröder Aussenminister Joseph Deiss erkannte Handlungsbedarf und zitierte den Botschafter zu sich – öffentlich natürlich. Allein schon das Aufgebot war eine dosierte Mahnung.

Einige Zeit später, im November 2000, reiste Bundespräsident Adolf Ogi nach Berlin. Ihm wurde von der «Europäischen Vereinigung für erneuerbare Energie» der Solarpreis ausgehändigt. Für sein Sparprogramm «Energie 2000», das er seinerzeit als Energieminister unterstützt hatte, heisst es in der Laudatio, Ogi sei ein «Visionär», der früh die «Nöte der Zeit» erkannt habe. «Das Energiesparen ist die grösste Energiequelle», lehrte Erhard Eppler, SPD-Vordenker in den siebziger Jahren.

Der Berlin-Besuch von Ogi war auch ein Abschied von der europäischen Politbühne. Demonstrativ schaute er auch beim Schweizer Botschafter vorbei, brachte kein Geschenk mit, dafür ein Riesenkompliment. Er überhäufte Thomas Borer mit Glückwünschen und Anerkennung für seine hervorragende Arbeit, die er für die Schweiz leiste. So ist er eben, der Ogi: Ein Mutmacher, der nicht schon den geistigen Schlotter bekommt, wenn ein Diplomat ins Fettnäpfchen tritt.

Die offizielle Schweiz leckte nach dem 6. Dezember 1992 ihre Wunden. Mit knappem Stimmen- und deutlichem Ständemehr war der EWR-Vertrag abgelehnt worden. Die Offerte der EU, am Binnenmarkt teilzuhaben, ohne EU-Mitglied werden zu müssen, blieb ungenutzt. Heute geben auch damalige Gegner zu, dass der EWR für die Schweiz der europolitische Massanzug gewesen wäre. Um nicht mit leeren Händen dazustehen, mussten später auf bilateralem Weg Teile von dem, was refüsiert worden war, in mühsamen Verhandlungen gerettet werden.

Nach dem 6. Dezember 1992 herrschte vor allem in der Romandie politische Depression. Dort hatte man grosse Hoffnung auf den EWR gesetzt. Die welschen Kantone stimmten deshalb mit Basel-Stadt mehrheitlich zu. Gegen das wuchtige Nein aus der Deutschschweiz kamen sie nicht auf.

Drei Tage nach der denkwürdigen Abstimmung wählte die Bundesversammlung Adolf Ogi zum Bundespräsidenten. Er hatte das Präsidialjahr im Stile einer Olympiamission minuziös vorbereitet. Ein kleiner Führungsstab im eigenen Departement, ergänzt um einen angeforderten Diplomaten aus dem Aussenpolitischen Departement, stand ihm zur Seite. Die Agenda 93 musste von unnötigen Terminen gelichtet werden. «Man wird dem Bundespräsidenten 1993 also nicht an jedem Bähnli-Jubiläum beggnen», war zu lesen, «denn er will sich für sein Präsidialmandat Zeit nehmen. Gästen aus anderen Ländern will er den schweizerischen Standpunkt erklären und im Inland vermittelnd wirken.»

Ogi erklärte, er werde sich als Bundespräsident speziell um die Romandie kümmern. Die «Neue Zürcher Zeitung» schenkte zum Voraus Blumen: «Ein erstes Zeichen setzt er am Neujahr: Die traditionelle Rede des Bundespräsidenten kommt nicht aus Bern, sondern aus Genf. Eine erste Geste nur, aber eine glaubwürdige, denn Ogi hat prägende Jugendjahre in der Romandie verbracht und die welsche Mentalität kennen- und schätzengelernt. An der Rede wird noch immer gefeilt. Ogis Reden unterscheiden sich wohltuend von rezitierten schriftlichen Texten, und seine persönlichen Mitarbeiter wissen ein Liedlein davon zu singen, wie viel es braucht, bis der Chef mit einer Rede zufrieden ist. Er geizt aber auch nicht mit Lob. Während unseres Gesprächs ruft der Direktor eines Bundesamtes an. Ogi hat am Morgen des 24. Dezembers nicht viel Zeit für ihn, aber Zeit genug für ein Lob.»

Ogis Neujahrsrede aus Genf war ein Bekenntnis zur Romandie, eine Liebeserklärung, könnte man sagen. Er verstand die Enttäuschung der Romands nach dem EWR-Nein und versuchte, neue Perspektiven aufzuzeigen.

Der Bundespräsident bemühte sich nicht nur um eine innenpolitische Schadensbegrenzung. Er stellte die längst überholte Weisung geradezu provokativ ausser Kraft, wonach der schweizerische Bundespräsident nicht ins Ausland reisen durfte. Ohne Auslandsreisen wäre Ogi zur aussenpolitischen Untätigkeit verurteilt gewesen. Da hätte man ihn schon einsperren und sicherheitshalber anketten müssen, um das Reiseverbot durchzusetzen.

Als Bundespräsident bekam er endlich Gelegenheit, aussenpolitisch aktiv zu werden, nicht nur als Fachminister, sondern als Repräsentant der Schweiz. Das nötige Training hatte er als Verkehrsminister absolviert. Die langwierigen und erfolgreich abgeschlossenen Verhandlungen über das Transitabkommen zwischen der Schweiz und der EU waren ja nichts anderes als verkehrspolitische Aussenpolitik gewesen.

Da die Schweiz nicht der EU angehört, im Strassen- und Schienenverkehr hingegen das klassische Transitland in Europa ist, werden mit dem Transitabkommen die Bedingungen geregelt, unter denen der Transitverkehr bewältigt wird. Ogi hatte richtig erkannt, dass sich die Schweiz weder abschotten kann noch den ständig zunehmenden Transitverkehr dem Zufall überlassen darf.

Das Transitabkommen ist ein innen- und aussenpolitischer Meilenstein. Die Schweiz verpflichtet sich, die Eisenbahn-Basistunnel durch den Gotthard und den Lötschberg innerhalb einer vereinbarten Frist zu bauen. Das war Ogis diplomatisches Glanzstück. Mit der Neat wird die unverzichtbare Infrastruktur erstellt, um im Transit den Güterverkehr auf der Schiene abzuwickeln. Mit dem alten Gotthardtunnel von 1882 wäre das unmöglich.

Es gibt den kreativen Druck, etwas tun zu müssen. Verkehrsminister Ogi hat mit dem aussenpolitischen Umweg über Brüssel uns unter Druck und Regierung, Parlament und Volk unter Vollzugszwang gesetzt. Das Transitabkommen forciert und legitimiert die Milliardenausgaben für die Neat. Die gelegentlich vorgebrachten Vorwürfe, die Schweiz baue die beiden Basistunnel vor allem für Europa und weniger für sich, sind nur die halbe Wahrheit. Die Nord-Süd-Verbindungen sind ein Standortvorteil, bilden wirtschaftlich ein Rückgrat, sind von grossem volkswirtschaftlichem Nutzen.

Das Transitabkommen hat, sozusagen als Nebenprodukt, die seit 2001 geltende Leistungsabhängige Schwerverkehrsabgabe (LSVA) nach sich gezogen. Als Folge davon wird der Güterverkehr auf der Strasse verteuert. Dahinter steckt eine clevere Doppelstrategie: Mit den Einnahmen aus der Schwerverkehrsabgabe werden massgeblich die Neat und Bahn 2000 finanziert. Der Kreis wird sich schliessen, wenn die neuen Tunnel durch Gotthard und Lötschberg fertig sind. Dann nämlich sollen die Güter im Transit ausschliesslich mit der Bahn transportiert werden. Neat und Schwerverkehrsabgabe bilden mit dem Transitabkommen ein Gesamtsystem. Ogi hat seinen Teil dazu beigetragen.

Das neue Amt des Bundespräsidenten für das Jahr 1993 beflügelte Ogis aussenpolitische Aktivitäten. Das EWR-Nein war ja nicht nur in der Romandie auf Unverständnis gestossen, auch die meisten Nachbarländer und übrigen EU-Staaten verstanden die Absage aus Bern nicht. Dass es die Schweiz mit ihrem direkt demokratischen System schwer hat, aussenpolitische Kursänderungen mitzumachen, wird im Allgemeinen begriffen. Man weiss in Brüssel auch, dass ihr EU-Beitritt zur politischen Zangengeburt wird. Das Nein vom 6. Dezember 1992 zum EWR-Gang à la carte jedoch löste Befremden aus. Das war auch verständlich.

Die Schweiz hat sich als einziges Land in Westeuropa entschieden, weder in der EU noch im EWR mitzuarbeiten, meldet aber ständig Wünsche an. Weit draussen im Altantischen Ozean steuert noch Island den gleichen isolationistischen Kurs. Das Inselvolk will seine Fischgründe nicht mit der EU teilen und ist im politischen Koordinatensystem auch sonst ein Sonderling. Ein Euro-Duo Schweiz-Island scheiterte schon an den geografischen Gegebenheiten, wäre aber ohnehin ein künstliches Gebilde.

Nach seinem Neujahrsauftritt in Genf plante Bundespräsident Ogi eine aussenpolitische Goodwilltour nach Bonn, Paris, London, Wien, Rom und weiteren Destinationen. Es bestand Erklärungsbedarf, sofern man das EWR-Nein überhaupt erklären konnte. Bei solch heiklen Missionen verlässt sich Ogi auf seinen Instinkt, seine umwerfende Zuversicht, seinen unverwüstlichen Glauben an das Machbare: Wer will, der kann.

Die Beschwichtigungstour war kein Zuckerschlecken. Der Bundespräsident erlebte mehr als ihm lieb war Kopfschütteln beim Versuch, den EWR-Entscheid weiss zu waschen. Er, beziehungsweise der Gesamtbundesrat, hatten den Unmut in den europäischen Hauptstädten noch zusätzlich geschürt. Denn nur ein paar Wochen nach dem Nein zum EWR hielt es der Bundesrat für angebracht, ein 17-Punkte-Programm nach Brüssel zu schicken: Es müsse über das, was wir abgelehnt hatten, neu verhandelt werden! Das allerdings war in den Augen der EU ein tolles Stück, um es höflich auszudrücken. Die Schweiz sei, tönte es zurück, vom EWR-Zug abgesprungen und verlange nun einen Extrazug.

«Brüssel» pressierte es gar nicht. Die EU-Kommission liess «Bern» vorerst mal 24 Monate lang warten. Zwischen den beiden Hauptstädten herrschte Funkstille. Die sollen, werden sich die EU-Verantwortlichen gesagt haben, eine Zeitlang in der eigenen Sauce schmoren. Dann willigte die EU ein, bilaterale Verhandlungen aufzunehmen. Diese dauerten fünf mühsame Jahre. Bis Ende 2000 hätten die 15 EU-Staaten das Vertragswerk ratifizieren sollen, um es am 1. Januar 2001 in Kraft zu setzen. Nur wenige EU-Länder haben sich bemüht, den Termin einzuhalten.

Wer immer den Bundesrat berät oder eben nicht, das Ansinnen, die EU wieder an den Konferenztisch zu bitten, kaum war der EWR bachab geschickt worden, musste die Adressaten brüskieren. Hie und da wäre es gut, sich an alte Spielregeln zu erinnern, etwa an Grossmutters Spiel: «Eile mit Weile» heisst es und nicht «Eile statt Weile».

Ogis Goodwillreise in die europäischen Hauptstädte verlief entsprechend nicht ganz programmgemäss. Den Bengel hat ihm der Gesamtbundesrat zwischen die Beine geworfen. Vermutlich nicht ohne sein Einverständnis. Ogi praktiziert einen personenbezogenen Verhandlungsstil. Damit meine ich, wenn er auf eine aussenpolitische Reise geht, nimmt er natürlich Unterlagen und Fachexperten mit, aber er lässt nicht tonnenweise Exposés und Papierberge produzieren. Er geht auf den anderen zu, er handelt praktisch. Zum Beispiel hat Ogi skeptische ausländische Verkehrsminister nicht mit theoretischen Abhandlungen über die Verkehrssituation der Schweiz gemartert. Er ist mit ihnen im Helikopter zum Kirchlein von Wassen geflogen, damit sie 1:1 sehen, weshalb der Schwerverkehr im Alpengebiet auf die Schiene gehört. Kein noch so gescheit geschriebener und prächtig illustrierter Bericht ersetzt eine solche Besichtigung vor Ort. Die Verkehrsminister seien denn auch, bestätigen Augenzeugen, beeindruckt gewesen. Einem dürfte die Alpentour in besonderer Erinnerung geblieben sein. Es war Winter, sehr kalt, als Ogi mit dem englischen Minister im Helikopter das Besuchsprogramm absolvierte und mit ihm in Wassen ausgestiegen war. Der Engländer hatte weder Mantel noch Hut bei sich, trug elegante Schuhe und schlotterte wie ein «Schlosshund», stammelte aber in einem fort, «wonderful», «wonderful».

Mir ist nicht bekannt, ob dieser Verkehrsminister jemals wieder freiwillig nach Wassen reiste. Dafür entwickelte sich mit dem Franzosen François Mitterrand, Staatspräsident, ein herzliches Verhältnis. Wie war das entstanden?

Bundespräsident Adolf Ogi nahm an der Beisetzung König Baudouins I. von Belgien teil. Er musste erfahren, was in ähnlicher Situation jedem Bundespräsidenten passiert: Niemand kennt den Eidgenossen. Das hat seinen Grund. Die Schweiz wählt jedes Jahr einen Neuen. Alle anderen Staatspräsidenten oder Regierungschefs bleiben länger im Amt, in der Regel wenigstens eine Amtsperiode. Sie begegnen sich regelmässig und kennen sich also. Der Schweizer Bundespräsident trifft also auf eine geschlossene Gesellschaft, ist ein Fremder. Kaspar Villiger hat mir seine Befindlichkeit als Bundespräsident im Ausland gestanden: «Du stehst ziemlich einsam herum.»

François Mitterrand kannte die schweizerische «Mechanik». Er nahm daher Adolf Ogi persönlich unter seine Fittiche und stellte ihn in Belgien den anwesenden Regierungsvertretern vor. Das war eine aufmerksame, fast schon väterliche Geste. Und, das nachzufühlen fällt leicht, Ogi wird dankbar gewesen sein.

Das war der Anfang. Den nächsten Schritt machte Ogi. Unter französischer Schirmherrschaft findet jedes Jahr der so genannte Francophone Gipfel statt. Es treffen sich die Repräsentanten aller Länder, in denen Französisch Amtssprache oder eine der gängigen Landessprachen ist. 1993 fand das Gipfeltreffen in Port Louis, Hauptstadt von Mauritius, einer Insel im Indischen Ozean, statt. Bis dahin hatte sich die Schweiz stets vom zuständigen Botschafter vertreten lassen. Für Mauritius wäre das der Missionschef in Tansania gewesen.

Adolf Ogi war der erste Bundespräsident, der persönlich an diesem für Frankreich prestigeträchtigen Treffen teilgenommen hat. Das dürfte François Mitterrand imponiert und gefreut haben. Endlich schien die Schweiz die Bedeutung der Veranstaltung erkannt zu haben. Für die ehemalige Kolonialmacht Frankreich ist der Francophone Gipfel von grosser politischer und wirtschaftlicher Bedeutung, aber auch ein Anlehnen an einst glorreiche Zeiten. Deshalb bleibt sie so gerne beim Begriff der «Grande Nation». Mitterrand war dafür besonders empfänglich. Entsprechend würdigte er auch Ogis acte de présence.

Deswegen aber musste der grosse Franzose noch lange nicht nach Kandersteg kommen. Aber er kam, und die Schweiz staunte. Staunte über das ungleiche politische Paar, über den Linken und den Rechten, staunte, wie es Ogi gelungen war, den sonst eher auf der grösseren Bühne agierenden Mitterrand ins Bergdorf zu lotsen.

Die Erklärung ist einfach: Ogi hat Mitterrand eingeladen. Das schreibt sich so leicht. Fünf oder sechs von sieben Bundesräten hätten das nicht getan. Den einen würde das gar nicht einfallen, die anderen getrauten sich nicht, den Dritten fehlen die persönlichen Kontakte, um einen fremden Staatschef zu sich privat einzuladen.

Es ist schon eine besondere Qualität, eine Begabung wohl, wie Adolf Ogi auf andere zugeht. Seine Offenheit und Unkompliziertheit sind typische sportliche, weniger diplomatische Eigenschaften. Ogi ist eine Art politischer Kurdirektor der Schweiz. Er trifft ausländische Regierungsleute nicht nur am Konferenztisch, sondern zeigt ihnen das Land, «schleppt» sie nach Kandersteg, bringt eine persönliche Note ein. Die Wirkung ist verblüffend: Routinierte Politiker, die von einem Treffen zum anderen reisen, heute in Paris und morgen in New York tagen, geniessen offensichtlich die intimere Sphäre, die ihnen Ogi bietet. Womit wir beim ganz Banalen wären – Politiker, ob gewöhnlicher Minister oder Staatschef, sind auch nur Menschen.

Nach seinem ersten Präsidialjahr meinte Ogi auf die Frage, was für ihn der Höhepunkt gewesen sei: «Die Krönung, wenn Sie so wollen, hatte ich mit François Mitterrand, der nach Kandersteg kam.» Diese Einschätzung galt auch noch nach seinem Rücktritt. Auf die gleiche Frage wiederholte er am Radio, der Mitterrand-Besuch sei für ihn die Spitze überhaupt gewesen.

Adolf Ogi hat das Amt als Bundespräsident in vollen Zügen ausgekostet. Sein Talent und Geschick für Aussenpolitik kam voll zum Tragen. Er hat in zwölf Monaten ungefähr 50 ausländische Gesprächspartner getroffen. Es fing mit der Einladung an den US-Präsidenten Bill Clinton in die Schweiz an. Besorgte Stimmen meinten, jetzt sei er «übergeschnappt», der Ogi, nun habe er völlig das Augenmass verloren. Aber – der amerikanische Präsident nahm die Einladung an, jedoch erst für das nächste Jahr. So durfte Ogis Nachfolger Otto Stich als Bundespräsident den mächtigsten Regierungsmann der Welt in Genf begrüssen. Auch für die Politik trifft zu: «Wer nichts wagt, gewinnt nichts.»

Was macht den Unterschied aus, ob wir einen Politiker überhaupt wahrnehmen, ihn mögen, ihn als erfolgreich einreihen oder ihn ablehnen? Die «Neue Zürcher Zeitung» meint dazu: «Ogi, dem so vieles machbar scheint, wenn man es nur tut, ist nicht der Mann grosser Visionen. Dafür macht er intuitiv den ersten Schritt, geht auf die Leute zu, sucht das offene Gespräch mit ihnen und weiss sie in seiner leutseligen Art für seine jeweilige Sache einzunehmen.»

Die «Basler Zeitung» befasste sich mit Einwänden gegen Ogi, er könne Unsicherheit schlecht verbergen, Gefühle nicht beherrschen, Schmerz und Freude nicht kontrollieren. Das werde ihm als Schwäche ausgelegt. «Das Volk jedoch hat genau das sehr geschätzt, hat Ogi geliebt. Und auch ausländische Staatschefs zeigten sich meist beeindruckt von Ogis ungekünstelter Art.»

Ungekünstelt trifft wohl zu. Als Ogi im September 2000 China besuchte, war er auch von Staatschef Jiang Zemin empfangen worden. Der Chinese ist es langsam gewohnt, von westlichen Politikern sofort auf die Menschenrechtsfrage angesprochen zu werden. Das hat Ogi nicht getan, und er ist nach der Rückkehr dafür kritisiert worden. Zu Unrecht.

Ich weiss nicht, wie Ogi einen solchen Staatsbesuch vorbereitet hat, ob er alles völlig logisch anging oder ob er sich auf seinen Instinkt verliess. Wahrscheinlich brauchte es beides. Jedenfalls schien er den Chinesen überrascht zu haben. Jiang Zemin selber nahm dann das Thema Menschenrechte auf. Natürlich definiert er sie völlig anders, als wir das tun. Für 1,2 Milliarden Menschen in China sei es ein zentrales Menschenrecht, betonte der Gastgeber, genug zu essen zu haben und nicht, wie in vielen Ländern der Dritten Welt, hungern zu müssen. Damit war die Diskussion lanciert.

Ich finde die Art, wie Ogi in Peking aufgetreten ist und welche Gesprächstaktik er befolgt hat, aufschlussreich. Er hat seinen eigenen Stil, einen eher unkonventionellen, aber in bestimmten Situationen erfolgreichen.

Nachzutragen bleibt, dass es ein Jahr zuvor mit Jiang Zemin zu schweren Störungen gekommen war. Der chinesische Staatschef war auf Einladung in die Schweiz geflogen. Ein so hoher und seltener Gast reist nicht unerkannt. Beim Eintreffen auf dem Bundesplatz erlebte Jiang Zemin für ihn

Ungewohntes und in China Verbotenes: eine Demonstration wegen der Politik Chinas gegen Tibet. Demonstranten winkten mit ihren Fäusten sogar von Dächern umliegender Häuser herab. Jiang Zemin war masslos verärgert.

Beim anschliessenden Empfang im Bundeshaus beschwerte sich der Gast aus China ziemlich aufgebracht. Er habe sich bedroht gefühlt, Jiang Zemin warf der Schweizer Regierung vor, ihr Land nicht unter Kontrolle zu haben. Das war nicht gerade die übliche Form der Begrüssung. Als Bundespräsidentin Ruth Dreifuss sich für den Vorfall nicht einmal entschuldigte, sondern Demonstrationen als demokratische «Begleitmusik» verteidigte, stieg dem Chinesen die Wut sichtbar ins Gesicht. Einen Moment lang schien es zum Eclat zu kommen. Beobachter erinnern sich, sie hätten mit dem Schlimmsten gerechnet, mit dem zornigen Aufbruch von Jiang Zemin. Zum Glück behielt einer die Ruhe. Neben dem wirklich sehr erregten Jiang Zemin sass Adolf Ogi. Er nahm den Gast beim Arm, erzählte ihm von Kandersteg, von den Bergen, von seinem Vater, und überreichte ihm den Kristall, den er stets in der Hosentasche hat. Eine halbe Stunde nach dem Gewitter unterhielten sich die beiden fröhlich, der Chinese lachte sogar wieder. Alle Anwesenden staunten.

Ogis Kristalle und Steine sind schon oft belächelt worden. Dass er jedem Besucher ein Souvenir vom Berg schenkt, wirke oft doch etwas naiv, schnöden ganz Gescheite. Wer noch nie eine Kuh gestreichelt, noch nie einen Stall betreten und noch nie einen Berg bestiegen hat, kann mit Ogis Spleen für Kristalle und Steine nichts anfangen. Ich weiss nur, dass Gret, meine Frau, immer einen bestimmten Stein bei sich hat. Es gibt eben auf dieser Welt rational nicht Erklärbares. Nicht jeder braucht zu verstehen, dass ein Kristall in der Tasche Kraft ausströmt und Kraft gibt.

In der chinesischen Medizin werden Heilmethoden praktiziert, die uns fremd sind. Die Akupunktur bildet eher die Ausnahme. Sie ist auch bei uns als Heilbehandlung bekannt geworden. Ogi hat mit dem Kristall, den er Jiang Zemin sozusagen als Valium zusteckte, vermutlich das absolut Richtige getan. Nur nebenbei bemerkt: Kaum ein anderer Bundesrat hätte sich getraut, dem mächtigen Jiang Zemin mit einem Kristall die Wut zu nehmen.

Der aufgeregte Besuch aus Peking stellte das Duo Dreifuss/Ogi auf eine harte Bewährungsprobe. Die zwei verstanden sich von Anfang an gut. Das hängt mit der umstrittenen Wahl von Ruth Dreifuss und mit der Rolle von Adolf Ogi als Bundespräsident zusammen.

Die SP-Fraktion schickte zuerst Christiane Brunner als offizielle Kandidatin am 3. März 1993 ins Rennen. Die Bundesversammlung verweigerte ihre Wahl und favorisierte den Neuenburger Nationalrat Francis Matthey. Der durfte auf Druck seiner Fraktion die Wahl nicht annehmen und verlangte eine Woche Bedenkzeit. Das Murren der Bürgerlichen ob dieser ungewöhnlichen Prozedur war unüberhörbar. Aber die Zeit reichte aus, um die in Bern wohnhafte Genferin Ruth Dreifuss als Kandidatin «auszugraben», ihre Schriften nach Genf zu transferieren und sie am 10. März 1993 als waschechte Romande aus Genève zu präsentieren. Vorher hatte Francis Matthey nach kräftiger «Seelenmassage» durch den damaligen SP-Präsidenten Peter Bodenmann auf seine Wahl verzichtet. So wurde Ruth Dreifuss in der zweiten Runde Nachfolgerin von Aussenminister René Felber.

Damit war das Aussenpolitische Departement frei geworden. Um diese «Stelle» bewarben sich die zwei CVP-Bundesräte Flavio Cotti und Arnold Koller. Adolf Ogi instruierte sie, sie sollten unter sich ausmachen, wer das Aussenministerium übernehmen solle. Keiner gab nach. Der Vorsitzende Adolf Ogi schickte die beiden dreimal hinaus mit dem Auftrag, sich gütlich zu einigen. Nach den erfolglosen Time-outs gab er auf und das Kollegium musste entscheiden.

Ogi schlug vor, Flavio Cotti solle in das Aussenpolitische Departement wechseln. Interessant war seine Begründung.

Das Justizdepartement sei immer von einem Juristen geführt worden, erklärte er. Davon sei nicht abzuweichen. Frau Dreifuss habe nicht Jura studiert. Es sei nicht zu rechtfertigen, dass ausgerechnet eine Frau als erste fachfremde Person dieses Departement übernehme. Im Klartext bedeutete das, Arnold Koller musste auf dem alten Stuhl hocken bleiben, Ruth Dreifuss übernahm mit dem Innenministerium ihr Wunsch- und Flavio Cotti sein Traumdepartement. Adolf Ogi hatte wieder einmal mit viel Einfühlungsvermögen gehandelt.

Von da an regierten Koller und Cotti in herzlicher Abneigung zueinander weiter und lächelten sich nur noch mit strahlender Kälte an.

Ogis unkomplizierte Art bewährte sich auf Auslandsreisen. In St. Petersburg begleitete ihn ein russischer General. Ogi redete auch im ehemaligen Leningrad nicht um den üblichen Brei herum. Ihn interessierten die um St. Petersburg stationierten Raketenstellungen. «Wissen Sie, wie viele Raketen es sind?», fragte Ogi den General. «Werden sie gewartet? Sind sei in sicherem Zustand?» Der Russe reagierte irritiert, schliesslich wusste er genau, wie mies es um den Unterhalt und die Wartung steht, weil das nötige Geld an allen Ecken und Enden fehlt.

Als er 1995 vom Verkehrs- in das Militärdepartement wechselte, blieb er dem Grundsatz treu, auch dort aussenpolitische Akzente zu setzen: «Nicht nur Frieden konsumieren, sondern auch Frieden schaffen», war Ogis Direktive. «Wenn wir uns abmelden, so geraten wir in ungeheure Argumentationsnot und haben bald keine Freunde mehr in Europa.»

Die politische Öffnung der Schweiz ist stecken geblieben. Sogar der Versuch, der UNO beizutreten, ist 1986 vom Stimmvolk regelrecht abgeschmettert worden. Auch die Blauhelm-Vorlage scheiterte. Folgerichtig endete auch der dritte Anlauf mit dem EWR-Vertrag erfolglos. Dann, sagte sich der neue Chef EMD, gehen wir halt militärisch voran.

Kaum im Amt, hängte sich Ogi an die NATO-Offerte, bei der «Partnerschaft für Frieden» mitmachen zu können. Diese Chance liess er sich nicht entgehen, sie kam seinen aussenpolitischen Ambitionen entgegen. Er trieb das Geschäft voran, holte sich beim Bundesrat und Parlament die politische Zustimmung. Der «Partnerschaft für Frieden» können Nicht-Nato-Staaten beitreten. Sie ist nach dem Ende des kalten Krieges 1989 zwischen Ost und West ausgehandelt worden. Der Name ist Programm: Über die Demarkationslinie des Ost-West-Konfliktes hinaus sollen bisher neutrale oder verfeindete Staaten unter dem gemeinsamen NATO-Dach, aber ohne NATO-Mitgliederausweis, für den Frieden einstehen.

Ogi befreite die Armee von der militärpolitischen Isolation. Er schickte Gelbmützen zur Friedensförderung nach Bosnien. Das sind unbewaffnete Soldaten, die mithelfen, das vom Bürgerkrieg geschändete Land auf den friedlichen, demokratischen Weg zurückzuführen. Im Kosovo stehen ebenfalls schweizerische Armeeangehörige, offiziell unbewaffnet, heimlich nicht mehr ganz so wehrlos. Auch im Kosovo leisten Schweizer Soldaten im Uno-Verbund mit vielen anderen Ländern zusammen einen Friedensdienst. Er dient dem Ziel, das zerrissene Land zu befrieden, den Menschen beim Wiederaufbau zu helfen, Spannungen unter ihnen zu schlichten.

Schon vor 50 Jahren hatte der Bundesrat «Neutralität und Solidarität» zur aussenpolitischen Maxime bestimmt. Im Kosovo wird dafür der Tatbeweis erbracht. Soldaten, die freiwillig für die UNO oder OSZE Friedensdienst leisten, sollen neu zum Selbstschutz bewaffnet werden können. Dazu braucht es eine Revision des Militärgesetzes. Bundesrat und Parlament stimmten dieser, auf Antrag von Adolf Ogi, mehrheitlich zu. Die Blocher-SVP sowie die GSoA (Gruppe Schweiz ohne Armee) lehnen solche Auslandeinsätze als vereinte unheilige Allianz ab.

Der neue Verteidigungsminister Samuel Schmid hat den

Vorwurf von Christoph Blocher, effektiv gehe es bei dieser Revision um den Beitritt der Schweiz zur NATO, klargestellt: «Das ist schlicht nicht wahr, das ist gelogen.»

Die Gretchenfrage stellt sich ständig neu: Soll die Öffnung der Schweiz zuerst politisch erfolgen oder ist sie mangels Erfolg militärisch voranzutreiben? Erwünscht ist die politische Priorität. Aber Ogi war nicht Aussenminister, sondern Verteidigungsminister. Der 1986 ermordete schwedische Ministerpräsident Olof Palme lieferte ihm das Stichwort: «Die Aussenpolitik ist immer unsere vorderste Verteidigungslinie.»

Das bestärkte Ogi in der Überzeugung, Öffnung ist Öffnung. Wenn nicht im Diplomatenwagen, dann halt mit dem Armee-Jeep.

Dass er mit dem Armee-Feldstecher sich nicht nur auf das Militärische konzentrierte, bewies er in einer seiner vielen Reden mit beeindruckenden Worten. Er warnte vor dem Rückzug ins Schneckenhaus:

«Das Schneckenhaus ist klein und nicht unzerbrechlich. Und es bietet letztlich keinen Schutz. Wir haben also gar nicht die Wahl, ob wir mitmachen oder ob wir uns zurückziehen wollen. Wir müssen selbstbewusst anpacken und mithelfen, die grossen Zeitprobleme zu lösen. Dazu gehört die Bereitschaft, uns am europäischen Gestaltungsprozess zu beteiligen durch Leistungen für Mittel- und Osteuropa. Dazu gehört unser solidarisches Engagement für die westeuropäische Völkergemeinschaft. Dazu gehört unsere Hilfe für die Dritte Welt, in der Armut für Millionen Menschen unerträglich wird. Ich weiss, die Frage liegt nahe: Warum sollen wir uns für andere, für Fremde einsetzen? Aber die andern sind nicht mehr die andern. Und die Fremden sind nicht mehr die Fremden. Denn die Freiheit in dieser Welt ist ebenso unteilbar wie die Gerechtigkeit.»

Für Erfolg gibt es kein Dauerabonnement, nicht in der Politik, nicht im Beruf, nicht im Sport, nirgends. Wer keine Fehler macht, macht sie heimlich. Wer alles besser weiss, handelt nach dem Lehrsatz der Rechthaber: Hinterher hat es jeder schon vorher gewusst. Darum geht es im Folgenden nicht. Ich möchte kollektiven Übereifer aufzeigen, bei dem strategisches Denken ausgebootet wurde. Die Hauptdarsteller sind: Bundesräte, ein Staatssekretär, Tatort Luxemburg.

Im Mai 1992, gut ein halbes Jahr vor der EWR-Abstimmung vom 6. Dezember 1992, passierte Unglaubliches. Der Bundesrat hatte mit 4:3 Stimmen beschlossen, bei der EU in Brüssel das Beitrittsgesuch einzureichen. EWR-Gegner Christoph Blocher jubelte. Der Bundesrat hatte ihm einen Prachtshasen in die Küche gejagt, gratis und franko. Von nun an konnte er ohne Hemmungen, die er sowieso nicht hat, behaupten, der EWR-Vertrag sei nur die Rutschbahn in die EU. Parteikollege Ogi war zudem noch so hilfreich, den EWR lediglich als «Trainingslager für die EU» abzuwerten.

Der Ende 1998 in Pension gegangene Staatssekretär Franz A. Blankart muss über das überraschende Beitrittsgesuch sprachlos gewesen sein. Warum er? Franz A. Blankart hatte für die Schweiz als Chefunterhändler die jahrelangen Verhandlungen über den EWR-Vertrag geführt. Als er vom Überraschungscoup des Bundesrates erfahren hatte, waren die Verhandlungen praktisch abgeschlossen. Heraus schaute ein für die Schweiz optimales Ergebnis. Dann erfuhr Blankart, was die für das EWR-Dossier zuständigen Bundesräte Jean-Pascal Delamuraz und René Felber mit dem Beitrittsgesuch angerichtet hatten. Darüber packte Franz A. Blankart kurz vor dem Übergang in den Ruhestand in einer Rede in Basel aus.

Dazu in der «Basler Zeitung»:

«Die zwei zuständigen Bundesräte veranstalteten eine Pressekonferenz vor versammelter Schweizer Presse. Ohne mich als Chefunterhändler zu informieren oder gar zu konsultieren, wurde um 3 Uhr morgens (!) im Ausland (Luxemburg) und erst noch im Gebäude der EU-Kommission (!) dem verdutzten Schweizer Volk mitgeteilt, inskünftig sei der EU-Beitritt das Ziel der schweizerischen Europapolitik. Man muss wirklich von allen guten Geistern verlassen sein, solch einen politischen Fehler zu begehen. Von da an wusste ich, dass der EWR verloren war.»

Blankarts öffentliche Abrechnung kreideten ihm Hofschranzen als Verstoss gegen die guten diplomatischen Sitten an. Es gehöre sich nicht, dass ein Beamter Bundesräte kritisiere, heuchelten einige Neider Blankarts im Bundeshaus. Wenn eine Regierung eine derartige politische Kalberei begangen hat, darf sich der Chefunterhändler ruhig zum Wort melden. Zumal er in den langen Jahren der EWR-Marathonverhandlungen vom Gesamtbundesrat nicht ein einziges Mal angehört wurde, so «dass ich den Bundesrat als Behörde nie simultan und mündlich auf denselben Verhandlungsstand bringen und Fragen beantworten konnte», wie sich Blankart zu Recht beschwerte.

Was die Überlegungen der Mehrheit im Bundesrat gewesen sein konnten, mitten im EWR-Rennen mit dem EU-Turbo zum Überholmanöver anzusetzen, bleibt wahrscheinlich noch lange ein Staatsgeheimnis. Je ein Bundesrat der CVP, FDP und SP stimmte für und gegen das Beitrittsgesuch. Adolf Ogi gab den Stichentscheid dafür. Ausgerechnet er als Vertreter einer Partei, die jede Annäherung an die EU, in welcher Form auch immer, ablehnt. Ein Entscheid mit 4:3 hätte angesichts der Bedeutung des Geschäftes niemals genügen dürfen. Alles war falsch: Zeitpunkt und durchgestierter Kampfentscheid. Das war und bleibt ein aussenpolitisches Husarenstück ohne Beispiel.

Adolf Ogi übte das Amt als Bundespräsident im Jahr 2000 zum zweiten Mal aus. Das war der beste Ogi, den es je gab. Die «Neue Zürcher Zeitung» zog Ende 2000 folgende Bilanz:

«Bundespräsident Adolf Ogi hat in seinem zweiten Präsidialjahr neue Massstäbe gesetzt. Rastlos wie kein Amtsinhaber vor ihm markierte er Präsenz auf der internationalen Bühne: Er besuchte in Rom den Papst, reiste nach China und Polen, trat in New York an der Millenniums-Zusammenkunft der Vereinten Nationen auf, hüpfte nach Liechtenstein, bereicherte an der Weltausstellung in Hannover den Schweizer Tag und in London die 1. August-Feier, umarmte an den Sydney Games die erfolgreichen Schweizer Triathletinnen, wanderte mit Kofi Annan durchs Gasterntal und so weiter.»

Der Bundespräsident unternahm nicht nur unzählige Auslandreisen, er war auch Gastgeber zu Hause. Zuerst empfing er den deutschen Bundespräsidenten Johannes Rau, dann seine Majestät Albert II., König der Belgier, sowie Prinz Charles aus London. Das ist lediglich die offizielle Gästeliste. Die inoffizielle ist umfangreicher. Darunter war der UNO-Generalsekretär der ranghöchste private Besucher gewesen.

Natürlich arbeitete Ogis Stab für die Staatsgäste ein Besuchsprogramm aus. Meistens wird das nach Rücksprache der Eingeladenen zusammengestellt und werden Wünsche so weit wie möglich berücksichtigt. Ogi führte alle nach Kandersteg, zeigte ihnen die Neat-Baustelle oder einen Bio-Bauernhof zum Beispiel, besichtigte das Olympische Museum in Lausanne, lud die Gäste ins Prachtshotel «Jungfrau-Viktoria» in Interlaken oder in den Landgasthof «Ruedishus» in Kandersteg ein.

Für Ogi haben Symbole einen hohen Stellenwert. Sie bleiben eher im Gedächtnis haften als eine noch so gut geschriebene Rede, die meistens als Schreibe vorgetragen wird. Dass er mit dem UNO-Generalsekretär Kofi Annan in Kandersteg wandern ging, sei für die noch bevorstehende UNO-Abstimmung die denkbar beste Werbung, besser als Werbeprospekte auf dem schönsten Glanzpapier, sagt SP-Nationalrat Remo Gysin aus Basel, der die UNO-Beitrittsfrage auf die politische Bühne geschoben hat. Selbstverständlich erhielt auch Kofi Annan einen Kristall zum Abschied.

Adolf Ogi war nie Aussenminister. Aber er hat Aussenpolitik gemacht. Bis zuletzt. Noch kurz vor seinem Rücktritt nahm er an der EU-Konferenz in Nizza teil. Als Beobachter eines Aussenseiterlandes in Europa. Da ist es schwer, sich Gehör zu verschaffen. Nicht für einen Ogi. Es gelang ihm, die Aufmerksamkeit der 15 Regierungs- und Staatschefs für eine kurze Zeit auf sich zu lenken und ihnen «seine» Schweiz ans Herz zu legen, sie um Verständnis anzuhalten.

Ohne Frage, der verhinderte Aussenminister Adolf Ogi wäre ein guter Aussenminister gewesen.

8. Sport ist sein Leben

Der grosse alte Mann des Sportjournalismus, Walter Lutz, von 1964 bis 1985 Chefredaktor des Fachblatts «Sport», während weiteren sechs Jahren dessen Herausgeber, hat vor Ogis Ausscheiden aus dem Bundesrat seine Arbeit als Sportminister gewürdigt:

«Adolf Ogi war der erste wirkliche, aber nicht ausschliessliche Sportminister der Schweiz. Sie ist zu klein, um ein selbständiges Ministerium für Sport zu unterhalten. Mit Kompetenz und seinem Feu sacré hat er innert nur dreier Jahre für den Sport mehr getan und erreichen können als alle seine Vorgänger in den letzten 20 oder mehr Jahren zusammen. Seit dem 1. Januar 1998 figuriert die Bezeichnung Sport erstmals im Namen eines Departements (Verteidigung, Bevölkerungsschutz und Sport). Die Benennung wertet den Sport auf. Sie ist auch eine Willensäusserung und Geste des Gesamtbundesrates. Am Ende eines Jahrhunderts, das auch das Jahrhundert des Sports genannt wird, sollte der Departementstitel die soziale und gesellschaftliche Bedeutung und Kraft des Sports zum Ausdruck bringen. Ein Jahr später – 1999 – wird die Sportschule Magglingen auch de jure zum Bundesamt für Sport. Und noch im Dezember dieses Jahres will der Bundesrat über ein von ihm selber auf Drängen von Ogi in Auftrag gegebenes neues Sportkonzept beschliessen. Erstmals arbeiten Fachleute aus Sport, Wissenschaft, Politik, Wirtschaft und Armee gemeinsam an einem solchen Projekt.»

Walter Lutz erinnert sich, dass Ogi ihm einmal gesagt hat: «Es genügt nicht mehr, wenn wir uns im Bundesrat in der Kaffeepause mit dem Spitzensport beschäftigen.» Er hat denn auch dafür gesorgt, dass es anders geworden ist.

Adolf Ogis Biografie wäre ohne Sport gar nicht zu erklären. Der Sport ist sein Leben und sein Förderband. Er hat als junger Mann die Chance erhalten und sie wahrgenommen, beim Schweizerischen Skiverband als technischer Leiter, dann als Direktor Führungsaufgaben zu übernehmen.

Was ist leichter, einen erfolgreichen Vorgänger abzulösen oder fast bei null neu anzufangen? Ein gescheiter Wirt sagte mir einmal, in seiner Branche sei der Erfolg für viele der Anfang vom Misserfolg. «Das einmal erreichte Qualitätsniveau halten zu können, ist die grosse Kunst. Daran scheitern nicht wenige meiner Berufskollegen.»

Adolf Ogi nahm seine Arbeit nicht beim erfolgsverwöhnten Skiverband auf. Im Gegenteil, er fiel in ein Jammertal. Schweizerischen Skirennfahrern hatte es seit Jahren kaum mehr aufs Podest gereicht. Die Winter-Olympiade von 1964 in Innsbruck steht in den Annalen als absoluter Tiefpunkt. Die Schweizer Alpinen rangierten dort unter ferner liefen. In einer solchen Situation hilft meistens der Galgenhumor: Schlimmer wird's nimmer. So gesehen hat Ogi beim Skiverband eine für ihn ideale Ausgangssituation gehabt: Es konnte nur noch besser werden.

Zum Erfolg gehört immer auch Glück. Ogi selber hat das so erklärt: «Wir leben von Super-Talenten, die es uns ‹reinschneit›: Vreni Schneider, Pirmin Zurbriggen früher, Martina Hingis, Anita Weyermann heute. Das sind nicht Produkte einer gezielten, guten, systematischen Sportförderung, sondern Himmelsgeschenke.» Von einem solchen «Himmelsgeschenk» hat auch er profitiert. Es trägt den heute noch bekannten und populären Namen Bernhard Russi.

Nachdem er beim Schweizerischen Skiverband vom technischen Leiter in den Direktionssessel aufgerückt war, baute Ogi den Hobby-Verein zur kommerziell geführten Sportfirma um. Der «Laden» wurde professionalisiert, die Strukturen verstärkt, das Personal aufgestockt, auch wenn das Geld dafür erst noch beschafft werden musste. Ohne Umbau des

Skiverbandes in eine moderne Unternehmung aber wäre im Winter-Tourismusland Schweiz der Profi-Skisport von den Österreichern komplett über den Haufen gefahren worden.

Bei aller organisatorischen Effizienzsteigerung der Verbandsarbeit brauchte Ogi das «Himmelsgeschenk» namens Russi. Der bekannte Fernseh-Kommentator, Pistenarchitekt, Extremkletterer und Werbemann hatte die Skination Schweiz von ihrem Trauma erlöst. Erstmals nach 32 Jahren stand am 15. Februar 1970 in Gröden mit Bernhard Russi wieder ein Schweizer als Abfahrtsweltmeister auf dem Podest. Ich meine den damaligen Fernsehreporter Karl Erb heute noch zu sehen und zu hören, wie er mit Freudentränen und von Glücksgefühlen beinahe erstickter Stimme den ganzen aufgestauten Frust aus erfolglosen Jahrzehnten hinausgeschrien hat. Auch wer mit dem Skirennsport nichts am Hut hatte, freute sich damals mit.

Das Ganze noch einmal. Zwei Jahre später, an der Winter-Olympiade von 1972 in Sapporo, gewann Russi auch noch olympisches Gold. Roland Collombin errang die Silbermedaille und sicherte so einen Doppelsieg. Zum weiteren Medaillensegen trug natürlich auch Marie-Theres Nadig bei. Seither ist Sapporo für den schweizerischen Skisport ein virtueller Wallfahrtsort und Bernhard Russi ein moderner Sportheld. Bald dreissig Jahre danach reden Insider immer noch vom «Wunder von Sapporo». Dort, im fernen Japan, ist der Schweizer Skirennsport vom Misserfolg erlöst worden.

Von der Herrlichkeit des Triumphes blieb auch für Adolf Ogi viel Glanz übrig. Anfangs 2001 blendete der «Tages-Anzeiger» auf die glücklichen Tage von Sapporo zurück: «Adolf Ogi, der ‹Vater› der ‹Goldenen Tage von Sapporo›, musste zuerst Bundesrat werden und glanzvoll zurücktreten, um geliebt zu werden.»

Bernhard Russi kehrte aus Sapporo wie ein Heros zurück: «Der Empfang in der Heimat war triumphal. Eines der Geschenke, das ihm der Kanton Uri gemacht hat, führt er auch

30 Jahre später noch aus: das Autoschild mit dem Kennzeichen UR 5000.»

Grosse Erfolge haben oft kleine Ursachen, basieren auf Details, die andere übersehen. Schnee ist für Skifahrer natürlich der unverzichtbare «Rohstoff». Nicht nur, er beschäftigt auch «Kunsthandwerker». Das Wachsen der Skier nämlich ist eine Geheimwissenschaft von grosser Bedeutung. Richtiges oder falsches Wachsen fällt als Faktor für Sieg oder Niederlage ins Gewicht. Da ist jedes Detail wichtig. Deshalb hatte Ogi in Sapporo angeordnet, übrigens als erster, den Schnee analysieren zu lassen.

Die skisportliche Galavorstellung des Skiteams in Sapporo katapultierte 1979 Adolf Ogi als Neuling auf der politischen Umlaufbahn direkt in den Nationalrat. Wie so oft in seinem Leben, begünstigten neben seinem Image als Sportmanager noch andere besondere Umstände seinen furiosen politischen Start.

Im Kanton Bern hatte die Finanzaffäre in den Achtzigerjahren einen politischen Katzenjammer ausgelöst. Am meisten darunter litt die SVP. Sie stellte mit Regierungsrat Werner Martignoni nicht nur den starken Mann in der Exekutive, sondern auch den Finanzminister, der für die Regierungsparteien als Weihnachtsmann fungierte. Während Jahren flossen in die Parteikassen staatliche Spenden, nach einem korrekten Verteiler übrigens, aber halt doch illegal.

Die Geschäftsprüfungskommission des Grossen Rates kam dem Regierungsrat dank Mithilfe eines Beamten auf die Schliche. Die Medien trugen die für bernische Verhältnisse doch aufregende Nachricht unter das Volk und dieses reagierte verschnupft. Zwei SVP-Regierungsräte mussten vorzeitig abtreten, ein SP-Regierungsrat durfte sich nicht mehr zur Wiederwahl stellen. Für die angeschlagene SVP war der Strahlemann Adolf Ogi in ihren düsteren Tagen ein willkommener Hoffnungsträger.

Für uns im Nationalrat war Ogi der «Mister Sport». Bald erweiterte er sein politisches Repertoire, vor allem in Richtung Militärpolitik, wechselte vom Skiverband zum Sportausrüster Intersport, übernahm das Präsidium der SVP Schweiz, gezielt seine Bundesratsambitionen anmeldend.

Sport ist global, national, lokal. Die Welt des Sports hat Ogi zum offenen, für Neues neugierigen Menschen geformt. Im Sport gibt es den Alleingang Schweiz nicht. Der kommerzielle Profisport löst das grösste Zuschauerinteresse aus, steht aber ebenso unter der heftigsten Kritik. Die Jungen fangen mit dem Sport in Amateurvereinen an, beim FC Zuchwil, Handballclub Suhr, Turnverein Erstfeld, Frauengymnastikclub Genève, bei der Jugendriege Weinfelden.

«Sport und Kultur sind Weggefährten» sagt Prof. Jürgen Flimm, Präsident des Deutschen Bühnenverbands. Das haben wir in Basel aus den Sechziger- und frühen Siebzigerjahren in fantastischer Erinnerung. Der FC Basel erlebte damals mit Trainer Helmut Benthaus seine erfolgreichste Zeit, und das Theater bezauberte unter Direktor Werner Düggelin zur selben Zeit das Publikum mit den spannendsten Aufführungen und Diskussionsabenden. Zusammen betonten sie nach aussen ihre Verbundenheit in der Sport- und Kulturgemeinschaft.

Der Sport hat auch eine soziale Funktion. Der deutsche Minister Otto Schily, zu dessen Ministerium der Sport gehört, betonte sie am «Sportpresseball 2000» in Berlin: «Gerade die soziale Komponente wird immer bedeutender, wirkt der Sport doch aktuellen Trends zu Vereinzelung und Ellenbogenmentalität entgegen. Der Sport verbindet.»

Unsere Gesellschaft ist eine Leistungs- und immer mehr auch eine Ellenbogengesellschaft. Rücksichtsloses Profitdenken kippt die soziale Balance. Mit der Umwelt wird umgegangen, als ob wir eine zweite im Koffer hätten. Die Veterinärmafia in Europa missbraucht Bauern als Tierfabrikanten für die schnelle Fleischproduktion. Gewissenlose Futtermittelfabrikanten betrügen Bauern mit Tiermehl. Diese Analphabeten des Gewissens sind schuld am Rinderwahn. In jüngster Zeit sichern sich Chemie-Multis Patentrechte für gentechnisch manipulierte Samen, um so weltweit die Landwirtschaft in ihre Abhängigkeit zu bringen.

Alles geschehe, wird gelogen, zum Wohl von Mensch und Tier. Wenn schon Tier, dann ist es ein «Goldenes Kalb».

Eine solche Gesellschaft ist keine heile Welt für den Sport. Spitzensportler werden gedopt, um ihre Leistungen zu steigern. Ein Geheimbund im weissen Kittel besorgt den Service. Sportminister Ogi besuchte 1998 die Ankunft der Tour-de-France in Neuchâtel, um sich mit dem Tour-Direktor Jean-Marie Leblanc über publik gewordene Dopingvorfälle informieren zu lassen.

Ein Anti-Dopinggesetz ist auf dem Papier schnell zu bekommen. Eine Gesellschaft aber, die daran arbeitet, alte Werte zu zertrümmern, den Geschwindigkeitsrausch und Mobilitätswahn anbetet, die Fast Food zur neuen Esskultur erhebt und Coca Cola als Religionsersatz verehrt, wird so schnell vom Doping im Sport nicht kuriert werden wollen. Dazu wäre ein ganzheitliches Umdenken Voraussetzung. Das geschieht nur da und dort in Ansätzen. Wohl deshalb bereitet die entsprechende Gesetzgebung grosse Mühe. Das hat Ogi gespürt und entgegen seinem Naturell nicht den Schnellgang eingelegt.

Nicht ohne Ironie ist, wie der Sport in das neu «benamste» Departement VBS, früher EMD, gekommen ist. Er war nämlich schon mal dort. Das so lange, bis ein vom Sportgeist beseelter Nationalrat mit einem parlamentarischen Vorstoss den Wechsel vom EMD in ein ziviles Departement verlangte. Mit der eigentlich nicht abwegigen Begründung, den Sport besser nicht unter militärischer Obhut zu belassen. Der Bundesrat hatte ein Einsehen und leitete den Wechsel ein: Vom EMD in das Departement des Innern. Das war der erste parlamentarische Erfolg von Nationalrat Adolf Ogi.

Ende 1995 übernahm Ogi das Militärdepartement. Alle, die sich um Politik und Sport nur ein bisschen kümmerten, wussten, dass er für die Anliegen des Sports nun wirklich der kompetente Bundesrat wäre. «Ich kann Ihnen versichern, dass ich dieses Amt nicht suche», schwindelte er noch nach dem Einzug in das EMD. So viel Rücksicht auf die damalige Sportministerin Ruth Dreifuss hätte er nun wirklich nicht zu nehmen brauchen. Bei allem Respekt vor ihren vielfältigen Qualitäten, als Sportministerin hatte sie nun in der Tat zwei linke Hände.

Als durchzusickern begann, der Sport solle dem Ogi-Departement zugeteilt werden, erhob einer dagegen Einspruch: Heinz Keller, Direktor der Sportschule Magglingen, dem grössten Sportzentrum des Landes. «In keinem anderen Land ist der Sport dem Verteidigungsminister unterstellt», maulte er öffentlich in einem Interview. Der Bundesrat verpasste ihm dafür einen Maulkorb.

Blieb zwischen dem Opponenten und seinem neuen Chef eine Klimastörung zurück? Das hätte ja sein können, Ogi ist gegen Kritik nicht immer wetterfest. Der einstige Opponent Heinz Keller verneinte das, und zwar nach dem bekannt gewordenen Rücktritt von Ogi aus dem Bundesrat, also zu einem unverdächtigen Zeitpunkt. Selbstverständlich habe es unter ihnen Auseinandersetzungen gegeben, sagte Keller: «Aber Ogi hat eine wunderbare Art, zu einem gemeinsamen Entscheid zu kommen. Seine Kampfkultur war für mich stets ein Gewinn.»

Heute ist Heinz Keller Direktor im Bundesamt für Sport. «Ogi hat den Sport zum Wohl der Schweiz entwickelt und genutzt», erklärte er. «Ich habe ausgerechnet, dass in Ogis dreijähriger Amtszeit insgesamt 23 Geschäfte im Bereich Sport unter Dach und Fach gebracht wurden, wobei auch Dossiers seiner Vorgänger darunter waren.»

Wie kann der Staat den Spitzensport finanziell unterstützen? Soll er das überhaupt? In Diktaturen wird die Jugend immer über den Sport für politische Zwecke der Machthaber missbraucht. Deshalb sind Demokratien mit einer staatlichen Sportpolitik zurückhaltender. Weil aber der Sport in der Gesellschaft einen hohen Stellenwert einnimmt, kann sich der Staat nicht einfach abmelden. Also werden Umwege gesucht. In der Bundesrepublik Deutschland zum Beispiel werden Spitzensportler von der Bundeswehr unterstützt. Sie dürfen in so genannten Sportkompanien unter hervorragenden Bedingungen trainieren. An der Winter-Olympiade von 1998 in Nagano habe das deutsche Team zu einem Drittel aus «Bundeswehrsoldaten» bestanden, konstatierte Ogi nicht ohne Neid.

Wahrscheinlich ist Direktor Heinz Keller heute über die Unterstellung des Bundesamtes für Sport im VBS nicht mehr unglücklich. Denn Ogi hat Funktionen des Sports mit nützlichen Einrichtungen der Armee fusioniert. Die Armee erhält drei Sportstützpunkte, so der offizielle Jargon: in Andermatt, La Lécherette, VD, und in Spiez. Am Beispiel Andermatt sei ein Eindruck über die recht grosszügige Ausgestaltung skizziert: Alle nötigen Sportanlagen gehören dazu, Unterkünfte für 850 Personen sind vorhanden, plus Kantine, Freizeitanlagen und anderes mehr. Das Festungswachtkorps besorgt den Unterhalt und bietet Lehrstellen für diverse handwerkliche Berufe an. Ein besonderes Ogi-Bonbon ist die Regelung, dass Sportkurse als Diensttage angerechnet werden.

In der Sportschule Magglingen rückten im Mai 1999 die 40 ersten Sportrekruten aus 16 verschiedenen Sportdisziplinen ein. Das Geld für diese Ausbildung ist nach meiner Meinung besser angelegt als für Munition. Ich halte die armeetaugliche Sportabteilung als indirekte Förderung des Sports für legitim.

Zum Sportförderungsprogramm gehören auch die 50 Millionen Franken, die für den Ausbau eines Jugendsportzentrums in Tenero bewilligt sind. Dort entsteht nicht ein schneller Brüter für den Hochleistungssport, sondern eine Anlage für den breiten Jugendsport.

Sportminister Ogi hatte, erst vier Monate im Amt, seine Ziele definiert: «Meine erste Aufgabe ist nun aufzurütteln. Zu diesem Zweck haben ich und meine Mitarbeiter als erste Massnahme ein gezieltes Konzept mit sieben Wirkungsfeldern entwickelt: Sie betreffen die Grossanlässe, den Spitzensport, die Sportanlagen, die Thematiken ‹Jugend und Sport›, ‹Seniorensport›, ‹Wirtschaft und Sport› sowie ‹Sport und Gesellschaft›.» So zielstrebig und systematisch ist das Thema Sport von der Politik noch nie angepackt worden. Die Kompetenz von Ogi, gepaart mit einer lustvollen Energie, hat in der Sportszene einen Hauch von Aufbruchstimmung ausgelöst.

Im Weiteren hat Ogi eine 60-Millionen-Vorlage als Ankickbeitrag für die Modernisierung von nationalen Sportarenen auf den Parlamentstisch gebracht. Mit dem Argument, dafür sei es höchste Zeit:

«Unsere Sportanlagen sind in einem katastrophalen Zustand. Nicht nur im Fussball, Das St.-Jakobs-Stadion beispielsweise wurde 1954 im Hinblick auf die Fussball-WM gebaut. Seither wurde nicht mehr viel daran gemacht. Oder die Sprungschanze in St. Moritz wurde 1948 für die Olympischen Winterspiele erstellt. Nehmen Sie das Leichtathletikmeeting in Zürich. Wenn im Letzigrund nicht etwas passiert, lässt sich in fünf Jahren kein Golden-League-Meeting mehr durchführen. Wir müssen aufpassen, dass wir die guten Veranstaltungen nicht der schlechten Anlagen wegen verlieren.»

Die Diagnose stimmt. Das neue Fussballstadion in Basel allerdings wurde ohne Anschubfinanzierung aus Bern gebaut. Beim 220-Millionen-Bau fallen die paar Millionen vom Bund nicht ins Gewicht. Das wird bei den in Diskussion stehenden, ähnlich aufwändigen Stadionbauten in Bern, Zürich, Lausanne oder anderswo ähnlich sein. Dass aber ein Bundesrat auf die Misere bei den Stadien für Grossanlässe hingewiesen hat, ist erwähnenswert und verdienstvoll. Banken und Versicherungsgesellschaften haben ihre Prunkbauten. Moderne Sportanlagen sind, auch wenn da die Meinungen auseinander gehen, kein unnötiger Luxus.

Ogi haut verbal gerne über die Schnur. «Ich wünsche mir, dass wir nicht nur ein sportliches, sondern ein Sportvolk sein werden», appelliert er an uns alle. Allerdings sei der Weg noch lang, bis die Schweiz «so sportlich und sportbegeistert sein wird wie beispielsweise Norwegen, so selbstbewusst wie die Amerikaner, so kampfstark wie die Engländer.» Diese Mischung wäre wohl eine Wucht, erinnert aber doch sehr an den Versuch, aus einem Ackergaul ein Rennpferd zu machen.

Das weiss Ogi auch. Er selber stellt ja fest, wie weit entfernt wir von einem Volk von Sportathleten sind. Darüber plauderte er am 25. April 1998 in der «Basler Zeitung» aus der Schule:

- «Die Schweizer Gesellschaft hat in den letzten Jahrzehnten das Wort Leistung aus ihrem Vokabular gestrichen.»
- «Die Grosszügigkeit, das Jasagen für eine Idee sind in diesem Land abhanden gekommen.»
- «Es ist uns zu lange sehr gut gegangen. Wir sind erst allmählich am Erwachen und sehen, dass nicht alles selbstverständlich ist.»
- «Heute ist es so, dass nur noch ein Wir-Gefühl entsteht, wenn es gut läuft. Wenn es aber schlecht läuft, dann wird ‹Theater› gemacht.»
- «Wir sind keine Problemlöser, sondern eher Verwalter, Bürokraten. Um dem entgegenzuwirken, sehe ich keinen anderen Weg, als uns unter Zeitdruck zu setzen und Grossanlässe zu organisieren: Die Fussball-EM 2004, die Ski-WM 2003 und schliesslich die Olympischen Spiele 2006. Das würde uns aus dem Loch ziehen.»
- «Der Startschuss für eine neue Epoche wird erst am 19. Juni 1999 fallen. Dann, wenn das Internationale Olympische Komitee hoffentlich sagen wird: Die Olympischen Winterspiele 2006 finden in der Schweiz statt. Im Moment befinden wir uns noch auf der Aufwärmrunde.»

Stichwort Sion 2006: Adolf Ogi übernahm 1997 das Präsidium des «Nationalen Komitees für die Olympischen Spiele 2006 Sion-Wallis-Switzerland». Der Auftrag war unmissverständlich klar formuliert: Den Traum von Olympischen Winterspielen in die Realität umzusetzen.

Komitee-Präsident Ogi setzte in seiner Antrittsrede die Akzente: «Dabeisein ist wichtiger als siegen», das alte Ideal von Pierre Baron de Coubertin, dem Begründer der modernen Olympischen Spiele als Mittel zur Völkerverständigung, sei überholt. Wenn im Juli 1999 in der südkoreanischen Metropole Seoul die Winterspiele von 2006 vergeben würden, «wollen wir den Zuschlag. Fast ist man geneigt zu sagen: Jetzt oder nie.»

Viel Prominenz aus Sport, Politik, Wirtschaft und Behörden hatte sich um das Komitee geschart. Divisionär Jean-Daniel Mudry, Kommandant der Gebirgsdivision 9, leitete die Geschäftsstelle. Ein etwas dynamischerer und polyvalenterer Direktor hätte dem Komitee vermutlich gut getan.

Wer sich mächtig ins Zeug legte, war natürlich Ogi. Das Millionenunternehmen brauchte Sponsoren. Er liess seine guten Beziehungen spielen. Bundesratskollege Pascal Couchepin hatte im Zusammenhang mit der Expo.02 erklärt, es sei unter der Würde eines Bundesrates, für Sponsoren zu weibeln. Darauf angesprochen, wie er das sehe, gab Ogi im «Tages-Anzeiger» wütend zurück:

«Ich frage Sie: Ist es bei der momentan guten Ausgangslage für Sion unter der Würde, zum Telefon zu greifen und um Unterstützung zu bitten? Das ist doch kleinlich. Ich habe ein Ziel erreicht: Die Kandidatur ist heute finanziell gesichert, wenn nichts Aussergewöhnliches passiert. Und jetzt kommen Sie mir mit der Würde. Manchmal muss man die Ärmel hochkrempeln, was vielleicht nicht würdevoll ist, manchmal muss man in den Dreck liegen, auch das ist vielleicht nicht würdevoll und manchmal muss man zum Telefon greifen. Dazu stehe ich. Als Verteidigungs- und Sportminister muss man kämpfen. Wer kämpft denn noch, wenn es der Verteidigungsminister nicht tut?»

Adolf Ogi war in seinem Element, grosse Herausforderungen beflügeln ihn. Die Winter-Olympiade hat bisher erst zweimal in der Schweiz stattgefunden: 1928 und 1948. Lang, lang ist's her. Die Vorstellung, sie nach fast 60 Jahren wieder in die Schweiz zu bringen, versetzte Ogis Blutkreislauf mächtig in Schwung.

Ogi und sein organisatorisches «Dreamteam», wie er rühmte, feilten an den Unterlagen für Sion 2006, und waren überzeugt, das beste Dossier aller Bewerber zu haben. Es herrschte ein Art Goldgräberstimmung. Der unbändige Optimismus war nicht zu stoppen.

Im Herbst 1998 stellte die Fluggesellschaft Crossair auf dem EuroAirport Basel-Mulhouse-Freiburg die fabrikneue Saab 2000 Concordino in den Dienst von Sion 2006. Auf der Heckflosse leuchtete nicht das typische Schweizer Kreuz, sondern das rot-weisse Matterhorn als Signet von Sion. «Wir müssen gute Nachrichten über unser Land in die Welt hinaustragen», mit diesen Worten begrüsste Ogi den Olympiaflieger. Und Moritz Suter schwärmte davon, die gute Nachricht für Sion im Juli 1999 aus Seoul heimbringen zu können.

Und dann noch dies, wie der «Tagesschau»-Sprecher Charles Clerc am Schluss immer meint und uns einen meist ironischen Leckerbissen serviert. Am so lange herbeigesehnten 19. Juni 1999 verkündete der Präsident des IOC, des Internationalen Olympischen Komitees, Juan Antonio Samaranch, dass in der Schlussrunde Turin mit 53 zu 36 Stimmen das Rennen gegen Sion gewonnen hat. Ogi verstand die Olympiawelt nicht mehr:

- «Ich frage nur: Was muss man tun, um diese Spiele zu erhalten? Wir hatten das beste Dossier, wir hatten die beste Präsentation.»
- «Man muss sich die Frage stellen: Lief alles korrekt?»

- «Gibt es denn eigentlich keine Gerechtigkeit?»
- «Wenn wir nur 36 Stimmen erhalten, müssen wir uns fragen, ob dies mit der Position unseres Landes zu tun hat.»
- «Da muss man nichts beschönigen. Das isch wiene Chlapf a Gring.»

Marc Hodler, IOC-Mitglied für die Schweiz, bestätigte: «Es stimmt, wir haben nicht mehr sehr viele Freunde im Ausland. Aber entscheidend war es trotzdem nicht.» Was denn?

«Sion wurde zum Favoriten gemacht», analysierte Marc Hodler. Damit habe man eine «Anti-Sion-Koalition» mobilisiert. Turin sei zudem unterschätzt worden: «Das Nationale Olympische Komitee Italiens, das vermutlich neben demjenigen der USA das reichste ist, ist sehr mächtig. Ebenso der Fiat-Konzern. Das mag eine Rolle gespielt haben.» Der Fiat-Konzern hat seinen Sitz in Turin. Dessen Besitzerfamilie Agnelli ist in Italien eine lebende Legende. Die Bemerkungen von Marc Hodler können nur als Kritik an der Strategie für Sion 2006 ausgelegt werden. Sehr diplomatisch, aber doch unüberhörbar.

Evelina Christillin triumphierte als Präsidentin des Kandidaturkomitees Torino 2006: «Wir haben uns vom ersten Tag an bewusst zurückgehalten. Wir haben praktisch keine Interviews gegeben. Die Schweizer haben, um offen zu sein, den Mund zu voll genommen.»

Sie erläuterte die Strategie ihres Komitees: «Wir sind in der ganzen Welt herumgereist und haben in allen wichtigen Ländern unser Projekt persönlich vorgestellt und uns mit ihnen in Verbindung gesetzt. Wir haben den Kontakt zu den wichtigen internationalen Medienhäusern gezielt gesucht. Das haben die Schweizer nur halbherzig gemacht. Sie haben sich voll auf ihr Land konzentriert, mit dem Resultat, dass danach jeder in der Schweiz wusste, wo Sion liegt, im Ausland aber die wenigsten das Wallis kannten.»

Evelina Christillin putzt den Einwand weg, Turin sei doch für eine Winter-Olympiade ein absoluter Fehlentscheid: «Wir haben, ob Sie es glauben oder nicht, ein hervorragendes Dossier präsentiert. Auch das von Sion war gut. Aber sicher nicht so stratosphärisch und megagalaktisch gut, wie uns die Schweizer das in jedem Interview und bei jeder Gelegenheit klarmachen wollten. Vor allem kulturell, glaube ich, hat Turin mehr zu bieten als Sion.»

Turin sei eine Fiat-Stadt, bedeute sportlich Fussball, bedeute Juventus, sei aber doch nicht ein Austragungsort für die Winterolympiade, wurde sie bedrängt. Die Hochschuldozentin Christillin widersprach energisch: «Jedes Wochenende fahren im Winter 200 000 Turiner in die umliegenden Berge. Auch das ist eine Realität.»

Als Siegerin ist es amüsant, dem Verlierer Ratschläge zu erteilen. Aber ein paar Hinweise müssten schon nachdenklich stimmen. Evelina Christillin meinte denn auch, auf die Schweizer Vertreter für Sion 2006 gemünzt: «Glauben Sie mir, es würde mehr bringen, über die eigenen Versäumnisse nachzudenken, als im Trauerzug über die verschwörerische Welt zu sinnieren.»

Sion 2006 endete für den Sportminister Ogi mit seiner einzigen Niederlage. Allerdings einer schmerzlichen, die «weh tut», wie er zugab.

Ogi hat die Fähigkeit, Dinge so lange zu vereinfachen, bis man sie bewältigen kann. Das IOC ist der Weltkonzern des Sports. Seine «Verwaltungsratsmitglieder» haben die Sion-Bewerbung zum zweiten Mal abgelehnt. Da es im Nachhinein nichts bringt, Schuldscheine auszustellen und Haarspalterei zu betreiben, wer wo was falsch gemacht habe, gehe ich zur banalen Feststellung über: Das Leben geht weiter. Sion 2006, das doch als Gedanke, dürfte im Bewusstsein zurückbleiben, dass zu viel Begeisterung auch zur Selbstüberschätzung verleiten kann.

Ogi und Konsorten haben ihr Bestes gegeben. Wenn man ihn fragen würde, ob er beim dritten Anlauf dabei sein würde, wette ich, er wäre es. Weil, wie Karl Jaspers sagte, «die Hoffnungslosigkeit schon die vorweggenommene Niederlage ist».

Der Sportminister Adolf Ogi hat zwei Wochen vor dem Abgang im Bundeshaus sein Abschiedsgeschenk überreicht: Das «Konzept des Bundesrates für eine Sportpolitik in der Schweiz». Damit wird das Sportkonzept von 1978, das hat es gegeben (!), abgelöst. Ogi liess das Grundlagenpapier von 150 Fachleuten ausarbeiten. Daraus ist das dem Bundesrat vorgelegte und von ihm genehmigte Konzept entstanden, nach Ogi ein «Meilenstein» in der Geschichte des Sports. Es ist in acht Schwerpunkte gegliedert worden:

- Alle Altersgruppen sollen sich künftig mehr bewegen, das VBS soll in Zusammenarbeit mit seinen Partnern ein Massnahmenpaket vorlegen.
- Die Bildungsmöglichkeiten des Sports sollen besser genutzt werden.
- Die Nachwuchsförderung ist zu verbessern, das VBS hat die Massnahmen einzuleiten.
- Der Bundesrat will die Träger des Sports (Verbände) in ihren Anstrengungen zum dopingfreien Sport unterstützen.
- Der Bundesrat anerkennt die Bedeutung von Sport- und Grossanlässen sowie des Sitzes von internationalen Sportverbänden in der Schweiz.
- Die Bedeutung des Sports für die sozial, ökonomisch und ökologisch nachhaltige Entwicklung der Gesellschaft soll besser verstanden und kommuniziert werden.
- Die erforderlichen Ressourcen (vor allem ideelle und materielle Impulse) sollen gut genutzt und, sofern ausgewiesen, bereitgestellt werden.
- Der Bundesrat lässt sich periodisch über Entwicklungen im Sport berichten, ein hierfür benötigtes «Observatorium» ist noch zu entwickeln.

Das Konzept weist in die Zukunft, gibt die Richtung an und hält sich an Erich Fromms Erkenntnis: «Jeder Schritt ist von Bedeutung, wenn die Richtung stimmt.» Ogi betont die Chance für eine positive Weiterentwicklung des Sports, ohne dabei aktuelle Defizite auszublenden. Damit meint er die Auswüchse der Kommerzialisierung: Doping, Gewalt, Korruption.

Der Profisport ist ein knallhartes Geschäft. Geld diktiert das Spiel. Das Stadion, die Rennstrecke, der Tenniscourt bilden die imposante Kulisse der Werbewirtschaft zur fortwährenden Ankurbelung der Konsumgüterindustrie. Das schöne Bekenntnis, Sport gehöre zur Gesellschaft wie die Kultur, stimmt zwar, ist aber auch blauäugig. Die Sportstätte wird immer aufdringlicher zum Kampfplatz unserer Ellenbogengesellschaft.

Ivica Osim, Trainer des erfolgreichen österreichischen Fussballclubs Sturm Graz, bringt es auf den Punkt: «Neu ist vor allem, dass der kommerzielle Druck derart gross geworden ist, dass es für mich als Trainer gar keine Alternative mehr zum Siegen gibt. Der Erfolg ist zum einzigen Orientierungspunkt geworden, von dem aus Präsidenten, Medien und Zuschauer eine Leistung beurteilen. Wenn ich dreimal gewinne, bin ich Gott, sonst werde ich entlassen.»

Fairplay meint doch, dass Sieg und Niederlage die Faszination des Sports ausmachen. Eben nicht mehr, sagt Felix Magath, deutscher Fussballtrainer: «Eine Heimniederlage nach elf Monaten, und schon hat der Trainer alles falsch gemacht.»

Wir sollten also den Sport nicht idealisieren. Gerade deshalb brauchen wir Erlebnisse, dass Sport Menschen verbindet. Der dreifache Schwingerkönig in den Jahren 1966, 1969 und 1974, Rudolf Hunsperger, lag im Dezember 2000 schwer krank im Spital. Es geht ihm auch sonst nicht gerade gut, er hat Sorgen an allen Ecken und Enden. Ogi besuchte ihn im Berner Inselspital, munterte den

Kranken auf und versprach ihm, wenn er gesund sei, ihn wieder zu treffen. Für «mich war das ein grosser Aufsteller», meinte ein zufriedener Hunsperger. Ja, einen so kompetenten, im Sport verwurzelten Sportminister, der die Menschen halt gern hat, wird die Eidgenossenschaft so bald nicht wieder haben. Nun arbeitet er im Auftrag der UNO für «Sport und Frieden». Eine Rolle, die ihm wie auf den Leib geschrieben ist.

9. Wie viel Armee ist genug?

«Ich bin nach Dienstjahren der viertälteste Bundesrat und denke nicht, dass meine Kollegen mich in ein anderes Departement versetzen werden», hoffte Ogi noch zweieinhalb Monate vor seinem Dienstantritt im EMD. Er denke nicht daran, «in der Nationalliga B zu spielen», sagte ein Vertrauter stellvertretend für seinen Chef. Am 1. November 1995 war es dann halt doch so weit, aus dem Verkehrsminister wurde der Verteidigungsminister. Das habe ihm schwer zu schaffen gemacht, gestand er «offen, ehrlich und sichtlich geknickt», berichtete die «Basler Zeitung».

Was war passiert? Die Kontroverse um die Neat-Finanzierung hatte Wirkung gezeigt: Die Wetterfrösche der «Weltwoche» kündigten ein «Neat-Tief» an. Die Folgen für Ogi würden bitter sein: «Zenit überschritten». Seine Gegner meldeten sogar voreilig schon den K.-o.-Schlag. Die treuesten Gegner hat er ja bekanntlich in der eigenen Partei.

Wie weit der ‹Fall Neat› tatsächlich die Departementsverschiebung verursacht hatte, weiss ich nicht. Er kam jedenfalls gelegen. Denn mit dem Rücktritt von Otto Stich als Bundesrat, kurz vor den Wahlen 1995, war eine neue Situation entstanden. Ihn ersetzte Moritz Leuenberger. EMD-Vorsteher Kaspar Villiger benützte die Gelegenheit, der SP nach 16 Jahren endlich wieder das Finanzdepartement abzunehmen, das für den Freisinn ein so genanntes Schlüsseldepartement ist.

Damit wurde das EMD frei. Freiwillig übernimmt das schon lange keiner mehr. Es hat sich eingebürgert, dass der «Neue» dort seine Bundesratslehrjahre absolviert und es so schnell wie möglich weitergibt. Also wäre Moritz Leuenberger an der Reihe gewesen.

Nun verkörpert der feingliedrige Zürcher Sozialdemokrat nicht gerade die klassische Militärschule. Er hat die Oper entschieden lieber als die Kaserne. Für dienstuntauglich wäre er deswegen noch nicht erklärt worden, aber für den Job im EMD hat er das falsche Parteibuch. Die Sozialdemokratie mag sich ideologisch noch so geläutert und den Weg zur helvetischen Polittugend längstens gefunden haben, militärisch bleibt sie für die politische Rechte ein Sicherheitsrisiko. Also musste Ogi die EMD-Festung übernehmen. Zum Dank dafür bekam er noch den Sport zugeteilt.

Die Geschäftsübergabe von Villiger zu Ogi verlief dem Schein nach reibungslos. Der kalte Krieg war vorbei, damit auch der geistige Bürgerkrieg im eigenen Land. Der wurde mit dem PUK-Bericht vom 22. November 1989 beendet. Präsident dieser Parlamentarischen Untersuchungskommission war übrigens der damalige Nationalrat Moritz Leuenberger.

Ausgelöst wurde die PUK durch den erzwungenen Rücktritt von Bundesrätin Elisabeth Kopp im Januar 1989. Die PUK lokalisierte mit der so genannten Fichenaffäre skandalöse Zustände im Schweizerland. Ein paar hunderttausend Bürgerinnen und Bürger – Linke, AKW-Gegner, Feministinnen, Liberale, Gewerkschafter, Medienschaffende, Friedensbewegung, Ausländer, Unbequeme schlechthin – waren im kalten Krieg von der Bundespolizei observiert und als innere Staatsfeinde fichiert worden.

Der Fichenskandal hatte das Land aufgewühlt und breite Kreise entsetzt. Da wurde für eine Demokratie, die sich gerne als die älteste und beste rühmt, zu viel Polizei- und Überwachungsstaat installiert. Im Nachgang beschlossen die eidgenössischen Räte die Einsetzung einer zweiten PUK, der PUK EMD. Fazit: Am EMD-Vorsteher, Gesamtbundesrat und Parlament vorbei hatte die Armeeführung in den Siebzigerjahren eine vom damaligen Generalstabschef Jörg

Zumstein tolerierte illegale «Geheimarmee» unter dem Kennzeichen P-26 aufgebaut. Im PUK-Bericht vom 23. November 1990 wird die Einsatzdoktrin beschrieben. Die P-26 hätte bei einem «Umsturz durch Unterwanderung» eingesetzt werden sollen. Auch ein «Umsturz mit friedlichen Mitteln» wäre nach der Ideologie der P-26-Verirrten nicht hingenommen worden. Der entsprechende Passus im PUK-Bericht lautet: «Dieses Szenario schliesst nicht aus, dass die Organisation (P-26) auch bei einem in demokratischen Formen zustande gekommenen Machtwechsel eingesetzt werden könnte.»

Der innere Feind stand für diese unheimlichen Patrioten natürlich links von der Mitte. Es kam etwas zu Tage, das niemand für möglich gehalten hätte: Die Unterwanderung des demokratischen Staates durch die Armeeführung, durch einen «Putschgeneral», wie ich Jörg Zumstein im Nationalrat demaskierte.

Der kurze Abstecher in die jüngste Vergangenheit schärft das Verständnis für Vorgänge im EMD. Ogi übernahm das Departement in einer ruhigen Phase. Gewissen Generälen fehlte die Bedrohung. Verzweifelt rief der ehemalige Generalstabschef Heinz Häsler aus: «Es ist weit und breit kein Feind in Sicht.»

Die Ruhe war trügerisch. Kaum sass Ogi auf dem EMD-Chefstuhl, fanden seine Mitarbeiter eine Leiche im Keller, die bei der Geschäftsübergabe unerwähnt geblieben war. Das machte ihn misstrauisch. Durch den Departementswechsel fühlte er sich sowieso lädiert, anfänglich verunsichert, jedenfalls nicht in der Gemütsverfassung, auch nur das geringste Risiko auf sich sitzen zu lassen, er habe den «Laden» nicht im Griff.

Bei der «Leiche» handelte es sich um Oberst Friedrich Nyffenegger, der zu trauriger Berühmtheit gelangen sollte. Seine von ihm geschiedene Frau «verzinggte» ihren Ex-Mann beim Generalstabschef Arthur Liener, der die Aussagen an die Militärjustiz weiterleitete. Bundesanwältin Carla del Ponte schaltete sich in gewohnt forscher Manier ein und fasste die Anklagepunkte am 20. Januar 1996 an einer Pressekonferenz zusammen: Bestechung, ungetreue Amtsführung, Urkundenfälschung, Geheimnisverrat.

Ogi war wütend, fühlte sich von Villiger und Liener hintergangen, deponierte in der Sicherheitspolitischen Kommission des Nationalrates das Versprechen, bei der Aufklärung des Falles Nyffenegger dürfe «nicht der Schatten eines Schattens zurückbleiben». Die Bundesanwältin ihrerseits pumpte das Ganze zu einer Staatsaffäre im Grenzbereich des Landesverrats auf. Carla del Ponte wollte wieder einmal das Land retten. Vorerst landete der Oberst für ein paar Monate in Untersuchungshaft.

Villiger und Liener dürften zu wenig bedacht haben, in welcher Gemütsverfassung Ogi das EMD übernehmen musste, sonst hätten sie den Vorfall bei der Geschäftsübergabe auf der Liste gehabt. Für sie handelte es sich eher um eine Disziplinlosigkeit und nicht um eine schwere Staatsaffäre. Doch Ogi war nicht so schnell zu beschwichtigen. Vor allem blieb von da an das Verhältnis zum Generalstabschef belastet.

Was steckte hinter dem Fall Nyffenegger?

Kaspar Villiger trat als neu gewählter Bundesrat am 1. April 1989 seinen Dienst im EMD an. Er hatte Oberst Nyffenegger beauftragt, die so genannten «Diamant»-Feiern zu organisieren. Als offizielle Begründung musste der Kriegsausbruch von 1939 herhalten. Das heisst, die Schweiz feierte 50 Jahre Kriegsausbruch. Auf diesen absurden Einfall war kein anderes Land gekommen. Normalerweise wird das Kriegsende bejubelt. Der Kriegsausbruch war aber nur ein Vorwand gewesen. Es gab vom Kalender her kein anderes Jubiläum.

Der Bundesrat hatte auf November 1989 die wohl grösste Herausforderung für einen Verteidigungsminister terminiert: Die Abstimmung über die Abschaffung der Armee. Villiger mobilisierte nochmals die Aktivdienstsoldaten zu ihrer letzten «Schlacht». Die «Diamant»-Feiern bildeten den Treffpunkt, sie waren wie Feldgottesdienste zelebriert und mit dem «Spatz» aus der Gamelle abgeschlossen worden.

Diesen Auftrag erledigte Nyffenegger zur allgemeinen Zufriedenheit. Die Initiative zur Abschaffung der Armee wurde verworfen, erzielte aber bedrohliche 36 Prozent Ja-Stimmen. Von diesem Sieg hat sich das EMD nie mehr erholt. Die Auswertung des Abstimmungsresultates ergab, dass die Aktivdienstgeneration fast geschlossen dagegen und die jungen Auszugsjahrgänge mehrheitlich dafür gestimmt hatten. Die «Diamant»-Übung hatte sich ausgezahlt.

Nyffenegger übernahm weitere Aufträge. Der EMD-Chef war einverstanden, dass die Armee an der «Didacta»-Ausstellung in Basel mit einem Pavillon zugegen war. Die «Didacta» war eine Bildungsmesse für Lehrpersonal und Schüler. Um nicht nur Waffen auszustellen, verfiel ein schlauer Kopf auf die Idee, eine EMD-eigene Geschichte über den Zweiten Weltkrieg schreiben zu lassen. Nyffenegger übernahm die Koordination.

Seine nächste Aufgabe war etwas anspruchsvoller. Hohe und höchste Offizieren erhalten den so genannten «Behelf für den Generalstab». Dieses unhandliche Buch beinhaltet lauter «streng geheime» Daten über Mobilmachungsplätze, Festungsanlagen, Waffensysteme, Einsatzpläne und vieles mehr. Nyffenegger fasste den Befehl, diesen «Behelf» zu modernisieren und davon eine elektronische CD-ROM herstellen zu lassen.

Der «Mischler Fritz», wie der Oberst hausintern hiess, nahm es nicht immer genau. Bei den «Diamant»-Abrechnungen herrschte eine Sauordnung, das «Didacta»-Geschichtsbuch kostete viel mehr als budgetiert und von der CD-ROM-«Behelf» waren zwei, drei Stück auf unerklärliche Weise verschwunden. Das vor allem grenzte nach Meinung der Bundesanwältin an Geheimnisverrat.

Entweder litten die Bundesanwaltschaft und Militärjustiz an Arbeitsmangel oder an Verhältnisblödsinn. Der Fall Nyffenegger beschäftigte die Juristen während Jahren. Die Öffentlichkeit war von Carla del Ponte mit Vorverurteilungen grossen Stils auf das Schlimmste vorbereitet worden, da durfte die Justiz nicht schlapp machen. So kamen im Laufe der Zeit ein paar hundert Bundesordner mit Anklagematerial zusammen. Bei so viel Aufwand musste doch am Schluss eine Staatsaffäre herausschauen. Beim besten Willen war sie nicht zu schaffen.

Der Prozess vor Militärgericht dauerte volle 14 Tage. Zwischen Dichtung und Wahrheit lagen Welten. Auf der Anklagebank sass ein Oberst, der weder ein unbescholtener Mann noch ein Schwerkrimineller oder gar ein Landesverräter war, wohl aber krumme Touren drehen konnte. Andererseits erledigte er im EMD Unvorhergesehenes als Mann für alle Fälle, bekannt dafür, «der Nyffenegger macht das schon». Es ist in jedem Betrieb bequem, einen solchen Mitarbeiter zu haben.

Nyffeneggers direkter Vorgesetzter, Brigadier M., war eine Null, ein Jammerlappen, ständig überfordert, unfähig, seinen quirligen Oberst wenigstens hie und da mit ein paar Stichproben zu kontrollieren. Er liess ihn tun und lassen, was dieser wollte. Ein solcher Chef ist mitverantwortlich, wenn die Sache falliert.

Oberst Nyffenegger ist vom Gehabe her ein Wichtigtuer, der mit einer gewissen Schäbigkeit schluderte, unterschlug, unkorrekt verbuchte, er ist kein grosser Ganove, sondern war zuletzt der betrogene Betrüger. Die Ankläger bekundeten nach dem enormen Untersuchungsaufwand mit Schränken voller Bundesordner grösste Mühe, ein adäquates Vergehen zu konstruieren. Der Angeklagte kam mit mildem Urteil davon, bleibt aber ein gebrochener und finanziell ruinierter Mann. Der Staat musste ihm sogar den Pflichtverteidiger stellen.

Bundesanwältin Carla del Ponte, sie speziell, hatte wieder einmal eine juristische Luftnummer vorgeführt. Zu ihrem Glück musste sie die Anklage vor Bundesgericht nicht mehr selber vertreten, da sie an das Internationale Kriegsverbrecher-Tribunal in Den Haag berufen worden war. Vielleicht ist ihr Talent als Jägerin von Milosevic grösser als das für juristische Präzisionsarbeit. Bundesrichter und del Ponte-Nachfolger als Ankläger hatten ihre liebe juristische Not, dem schon angeschlagenen Oberst einigermassen bundesgerichtswürdige Verfehlungen nachzuweisen.

Adolf Ogi fasste nach dem unerfreulichen Start Tritt. An der ersten «Kommandanten-Konferenz» beruhigte er die Militärs, er freue sich auf die neue Aufgabe, sei von ihr begeistert und «gehe voran». Die Armee sei ein Dienstleistungsbetrieb, der Sicherheit produziere, sagte er und setzte erste Akzente für seine Arbeit: Konfliktprävention, Beitritt zur Partnerschaft für Frieden, Überprüfung der Sicherheitspolitik.

Generalstabschef Arthur Liener hatte vorgeschlagen, eine Strategiekommission einzusetzen, um die Armee neu zu positionieren und ihren Auftrag zu definieren. Ogi war einverstanden, ging aber anders vor, als es sich Liener vorgestellt hatte. Der Kommission gehörten 41 Mitglieder an, darunter ein Dutzend Parlamentarier. Die Absicht war klar, Ogi wollte sich breit abstützen, Liener hätte gerne darauf verzichtet. Edouard Brunner, früherer Staatssekretär im Aussenpolitischen Departement und bis zur Pensionierung Botschafter in Washington, übernahm das Präsidium. Das war eine Topbesetzung.

Die «Studienkommission für strategische Fragen», so die offizielle Bezeichnung, legte fast in Rekordzeit einen Bericht vor. Nur Christoph Blocher lehnte ihn in der Schlussabstimmung ab. Die Absicht Ogis, seinen Parteifeind einzubinden, misslang.

Da die Kommission kein militärisches Blabla ablieferte, sondern happige Reformvorschläge, seien die wichtigsten im Wortlaut aufgelistet:

- Würden wir das im kalten Krieg konzipierte Verteidigungssystem bewahren, würde dies zu einer anachronistischen und unnötig kostspieligen Sicherheitspolitik führen.

- Es ist möglich, dass einige derzeit neutrale Staaten sich in den kommenden Jahren der NATO institutionell annähern werden. Nicht zuletzt deshalb sollten wir, wenn nicht einen Beitritt, so doch eine Assoziation gleicher Art erwägen, die über die Partnerschaft für den Frieden hinausgeht.
- Unsere Sicherheit zu garantieren, bedeutet nicht mehr bloss die Beibehaltung einer angepassten, glaubwürdigen autonomen militärischen Verteidigung, sondern insbesondere Zusammenarbeit mit unseren Nachbarn, mit den Organisatoren und Bündnissen, die unser Land umgeben.
- Staaten, die uns eines Tages bedrohen könnten, sind geografisch entfernt und verfügen nicht über konventionelle Streitkräfte, die uns gefährlich werden könnten.
- Die Schweiz ist gegen unwahrscheinlich gewordene Gefahren wirksam gerüstet, aber auf die wirklichen Gefahren von heute und morgen ungenügend vorbereitet.
- Alle modernen, hochindustrialisierten Gesellschaften zeichnen sich durch ihre Komplexität aus. Sie sind in ihrem Innern wie in ihren Aussenbeziehungen stark vernetzt, was sie voneinander abhängig macht. Die Störung auch nur eines Elements (z. B., der elektronischen Kommunikation) kann Wirtschaft und Gesellschaft lähmen. Mir müssen uns bemühen, die wichtigsten Komponenten dieser Infrastruktur angemessen zu schützen, auch wenn ein vollständiger Schutz nie möglich sein wird.
- Mächtige Verbrechernetze sind weltumspannend tätig. Dieses Phänomen ist um so beunruhigender, als mafiose Gruppierungen in gewissen Ländern grosse Macht und beträchtliches Vermögen erworben haben.
- Die wichtigsten Ursachen der Migration, d. h. der erzwungenen Auswanderung, sind Kriege, politische Unterdrückung, Korruption, Menschenrechtsverletzungen, un-

genügende Ressourcen, Armut, soziale Ungerechtigkeit und Überbevölkerung.
- Die Kommission empfiehlt, primär die Ursachen der Migration durch internationale Bemühungen im Bereich der Entwicklungszusammenarbeit und humanitären Hilfe, der Katastrophenhilfe, der Förderung der Menschenrechte und mit Stabilisierungsmassnahmen anzugehen.
- Unsere Autonomie hat stark abgenommen. Praktisch alle unsere Aktivitäten hängen eng mit dem Ausland zusammen.
- Gut organisierte Gruppen können Zugriff zu leichten Boden-Luft-Raketen erhalten, chemischen, biologischen oder gar nuklearen Waffen, die leicht zu transportieren und zu bedienen sind.
- Die Armee ist kein Instrument zur Erhaltung der Ordnung.
- Die Schweiz muss ihre Solidarität im Ausland nicht nur finanziell oder verbal kundtun. Die neuen Bedrohungen verlangen gemeinsame Anstrengungen mit unseren Nachbarn und Partnern.
- Bis heute war die Sicherheit der Schweiz vor allem durch die bewaffnete Neutralität gewährleistet.
- Nach 1945 prägte die Neutralität die schweizerische politische Mentalität stark und führte dazu, dass unser Land der UNO, der NATO und der europäischen Integration fernblieb.
- Langfristig kann Zusammenarbeit dazu führen, die Neutralität in ihrer gegenwärtigen Form aufzugeben.
- Die Kommission empfiehlt den Bundesbehörden, den gegenwärtigen Kurs fortzusetzen, nämlich die Neutralität flexibel und pragmatisch anzuwenden.
- Das Milizsystem hat eine grundsätzliche Bedeutung und einen nicht zu unterschätzenden Wert nicht nur für die Armee, sondern auch für die staatliche Gesellschaft.
- Reformen sind im Bereich der Gesamtverteidigung des Zivilschutzes und der wirtschaftlichen Landesversorgung notwendig.

- Es ist z.B. nicht mehr nötig, unterirdische Spitäler mit Tausenden von Betten in permanenter Bereitschaft zu halten. Das ganze Konzept ist grundsätzlich neu zu überdenken.
- Der Zivilschutz sieht die Ausbildung und Bereitstellung von 300 000 Personen vor. Dies steht in einem krassen Missverhältnis zu den heutigen Bedürfnissen. Die Bestände sind massiv zu reduzieren.

Der Bericht wird für Jahre eine gute Diskussionsgrundlage bilden. Die Kommission Brunner hat Empfehlungen ausgearbeitet, wie die Sicherheitspolitik in der Zukunft strategisch auszurichten ist und welche Funktion dabei der Armee zukommt.

Die Umstellung stellt für die Armee eine grosse Herausforderung dar. Dazu gibt es noch andere Probleme. Auf einmal wird sogar die Wirtschaft bockig. Die Verantwortlichen ihrer Verbände gehören neuerdings zu den Kritikern.

Viele Jahrzehnte lang haben die Führungskräfte in der Wirtschaft auch in der Armee Karriere gemacht. Der Chef war Oberst – oder umgekehrt. Dieses Dualsystem funktioniert längst nicht mehr so reibungslos. Das Interesse der Wirtschaft, präziser der Grosswirtschaft, der Konzerne also, an der Armee hat nachgelassen. Galten einst Zentralkurse und, die besonders, Generalstabskurse für höhere Offiziere auch als die besten Managerkurse, stimmt das heute so nicht mehr. Wenn aber der zivile Nutzen aus dem militärischen Tun nicht mehr deutlich erkennbar ist, gerät die Armee bei der Wirtschaft in die roten Zahlen – als Verlustgeschäft.

Je internationaler die Chefetagen personell besetzt sind, je globalisierter geschäftet wird, desto weniger Platz bleibt noch für die Bedürfnisse der Milizarmee. Die Konzerne möchten ihre Spitzenleute für sich im Betrieb haben und nicht ständig für irgendwelche Offizierskurse freistellen müssen. Man kann sagen, auch die Armee ist Opfer der Globalisierung geworden.

Villiger hatte als EMD-Chef mit dem neuen Ausbildungszentrum in Luzern gehofft, die Gunst der Wirtschaft zurückzugewinnen. Die Armee hat ihr Kurswesen enorm verbessert, aber in der Kaderausbildung hat die Wirtschaft andere Vorstellungen.

Ogi bemühte sich ebenfalls, das einstige «Liebesverhältnis» zwischen Armee und Wirtschaft aufzufrischen. Mit eher enttäuschendem Ergebnis. Signifikant war zum Beispiel ein von seinem Departement organisiertes Treffen mit so genannten Wirtschaftsführern. Zu den Gesprächen erschienen vor allem die alten militärpolitischen «Schlachtrosse», wie zum Beispiel der frühere FDP-Ständerat und Regierungsrat Ernst Rüesch aus St. Gallen, der selbstverständlich auch Brigadier gewesen war. Mit 67 legte der ehemalige Sekundarlehrer das Ständeratsmandat nieder und avancierte zum Verwaltungsratspräsidenten einer grossen Versicherungsgesellschaft. In Aarau trat er nun als so genannter Wirtschaftsführer auf. Aber junge Manager aus der modernen Soldatengeneration waren praktisch keine erschienen.

Die Armeekader werden heute zur Hauptsache bei den KMU, Klein- und Mittelunternehmen, im Gewerbe und bei den öffentlichen Diensten rekrutiert. In den Hochsitzen der Konzerne wird freundliches Desinteresse angedeutet. Nach innen jedoch ist die Stimmung gegen die Armee weitaus negativer.

Noch vor 15 Jahren hätte sich doch kein Verantwortlicher der Wirtschaft daran gestossen, wenn Soldaten bei Grossanlässen eingesetzt worden wären, zum Pistenstampfen am Lauberhorn etwa oder als Hilfspolizisten beim eidgenössischen Schwingfest. Heute hingegen erhebt Peter Hasler, Direktor des Schweizerischen Arbeitgeberverbandes, Einspruch: «Solche Aufgaben müssen von privaten Betrieben erfüllt werden.» Die Arbeitgeber seien nicht mehr bereit, auf ihre Leute im Betrieb zu verzichten, damit sie in der Armee solche Gratisarbeiten verrichten müssten, lamentierte er.

Die Wirtschaftsverbände kritisieren aber auch den Armeeauftrag, beziehungsweise, die darüber bestehende Unklarheit. Knallhart wird gefragt, was die Armee heutzutage soll und was sie ist. Gilt der ureigenste Auftrag, die Beschränkung auf die militärische Verteidigung des Landes oder ist sie sozusagen «Mädchen für alles»?

Was bedeutet Bevölkerungsschutz, der im Logo VBS markant platziert ist? Was ist unter Assistenzdienst zu verstehen, wie ihn Villiger noch als Legitimationshilfe für die Armee eingeführt hat? Heisst das, die Armee sei auch noch Katastrophenhilfekorps, Feuerwehr und Friedenskorps?

Die mächtigen Wirtschaftsverbände forderten im November 2000 mit dem Grundsatzpapier «11 Standpunkte der Wirtschaft» von Ogi «zwingend einen Marschhalt». Mit dem harschen Vorwurf, bei der Planung und portionenweisen Umsetzung der Armee XXI sei unbedingt «eine Gesamtübersicht» nötig, um endlich «daraus die Konsequenzen für die Armeeaufträge zu gewinnen». Erst dann seien «grundlegende Prinzipien und die Schlussfolgerungen daraus zu vereinbaren».

Was versteht die Wirtschaft unter «vereinbaren»? Der Präsident des Arbeitgeberverbandes der Schweizerischen Maschinenindustrie, FDP-Nationalrat Niklaus Schneider-Amman, will zum Beispiel geklärt haben, «welche Aufgaben der Armee in Abgrenzung zu Polizei und Bevölkerungsschutz überhaupt noch zustünden». Diese Frage sei bis jetzt nicht geklärt worden. Nationalrat Schneider-Amman verlangt zudem für die Wirtschaft ein Mitbestimmungsrecht bei der Kaderausbildung für die Armee: «Wenn es der Armee gelingt, ihrem Kader Sozial- und Führungskompetenz beizubringen, wird eine militärische Karriere für die Unternehmen wieder interessant.» Das ist doch wohl nur so zu verstehen, dass diese Voraussetzungen nach Meinung von Schneider-Amman heute nicht erfüllt sind.

Arbeitgeberdirektor Peter Hasler hat die beinahe ultimativen Wünsche der Wirtschaft zusammengefasst:

- «Mehrheitlich wünschen wir so kurze Dienstzeiten wie nötig und so wirtschaftsverträglich wie möglich.»
- «Unsere Armee wird heute für Einsätze gebraucht, die wir nicht mehr akzeptieren.»
- Auf die Frage, «also keine Assistenzdienste mehr?» «Ja, das ist Missbrauch der Armee, da muss sich ganz klar etwas ändern. Das akzeptiert die Wirtschaft nicht mehr.»
- «Die Armee muss wieder zurückgeführt werden auf die echten verfassungsmässigen Einsätze, primär auf den Verteidigungsauftrag, sekundär auf kurzfristige Katastropheneinsätze und friedenssichernde Aufgaben im Ausland.»

Die Armee hat seit dem Ende des kalten Krieges Legitimationsbedarf. Assistenzdienste beispielsweise waren unter EMD-Chef Villiger eine «Erfindung», um der Armee neue Aufgaben zu übertragen. Wirtschaftsvertreter hätten früher niemals so aggressiv dagegen argumentiert. Während der Zeit des kalten Krieges galt Kritik an der Armee als feindliche Handlung gegen das Land. Daraus entstand der Fichenskandal. Wer unzuverlässig schien, war observiert und fichiert worden.

1972 gab die «Sektion Heer und Haus», zuständig für die «geistige Landesverteidigung», ein «Vademekum für Truppenkommandanten» mit Ratschlägen, wie mit Kritik umzugehen sei, heraus: «Delikate Themen mit der Truppe sollen nicht etwa in einem Theoriesaal oder in einem Kantonement behandelt werden, sondern im Freien. Kalter Wind und Regen beruhigen die Gemüter, Sonne und Hitze tragen dazu bei, die Debatten zu verkürzen.»

Ähnlich lesen sich auch die «Vorschriften des Generalstabschefs über die Abwehr armeefeindlicher Aktionen bei der Truppe vom 29. Dezember 1970». Die «Massnahmen» beginnen mit dem Satz: «Eine sachliche Kritik an den staatlichen Einrichtungen und damit auch an der Armee ist nicht schlechthin verboten.»

In diesem Sinn und undemokratischem Geist wurde damals Demokratie ausgelegt. Kritik war vom Generalstabschef gnädigerweise nicht «schlechthin verboten», aber eben auch nicht toleriert worden. Und Diskussionen mit den Soldaten sollten am besten unter möglichst ungünstigen Wetterbedingungen angesetzt werden, um ihnen das Maulen zu verleiden.

Mit diesen schlechten Gewohnheiten ist Schluss gemacht worden. Sie wären heute gar nicht mehr praktikabel. Verändert sich die Armee auch zahlenmässig?

Im Zweiten Weltkrieg waren zeitweise 450 000 Mann Kampftruppen, 250 000 Hilfsdienstsoldaten und 100 000 Mann von den so genannten Ortswehren unter den Waffen gestanden. Die Ortswehren waren irgendwie das letzte Aufgebot, altersmässig längst ausgemusterte Soldaten fassten wieder einen Karabiner. Mein Grossvater, um eine Ahnung aus der damaligen Zeit zu vermitteln, meldete sich mit 63 bei der Ortswehr in Zollikofen.

Nach Kriegsende wurde die Armee nach einer langen Planungszeit unter dem Logo «Armee 61» strategisch neu ausgerichtet: Weg vom Reduit-Konzept aus dem Zweiten Weltkrieg hin zur Raumverteidigung. Der Sollbestand betrug 600 000 Mann, 1990 sogar 800 000 Mann.

Mit dem «Sicherheitspolitischen Bericht 90» begann nach Ende des kalten Krieges eine Reorganisation unter der Chiffre «Armee 95». Bis 2005 sollten die Bestände auf 400 000 Mann plus 200 000 Mann Reserve abgebaut werden.

An seiner letzten Bundesratssitzung vom 20. Dezember 2000 holte Ogi noch die Zustimmung des Kollegiums für den weiteren Umbau unter dem Erkennungszeichen «Armee XXI». Diesmal sind gehörige Einschnitte geplant:

- Die Armee umfasst 119 000 Wehrpflichtige, plus 80 000 Reservisten.

- Die Dienstleistungspflicht beträgt total 280 Tage, für Durchdiener – 3000 pro Rekrutenjahrgang – 300 Tage.
- Durchdiener sind Soldaten, die die Rekrutenschule und Wiederholungskurse am Stück absolvieren und damit ihre Dienstpflicht erfüllt haben.
- Die Rekrutenschule dauert 24 Wochen, 9 Wochen länger als bisher.
- Dazu kommen sechs Wiederholungskurse mit je 19 Tagen.
- Für die Mannschaft endet die Militärdienstpflicht nach vollendetem 30. Altersjahr.
- Für Auslandeinsätze sind 1600 Armeeangehörige pro Jahr vorgesehen (zwei Ablösungen).
- Während der Phase des Übergangs zur Armee XXI betragen die jährlichen Ausgaben für Verteidigung rund 4,3 Milliarden Franken und sollten nachher etwas reduziert werden.

Der Mannschaftsbestand von 119 000 Mann ist im Vergleich zur bisherigen Grösse der Armee eine massive Reduktion. Als Vergleich sei die Bundeswehr von Deutschland erwähnt. Die vom Verteidigungsminister eingesetzte Studienkommission mit Richard von Weizsäcker als Präsident – vergleichbar mit der Brunner-Kommission – gab eine Gesamtstärke von 240 000 Mann vor. Die Regierung hat sie bei 280 000 Mann festgelegt, plus eine Reserve. Verglichen damit wäre die Schweizer Armee mit 119 000 Mann noch immer viel zu gross. Trotzdem: Stünde hinter der «Armee XXI» ein SP-Bundesrat, er wäre von rechts massiv unter Beschuss geraten. Es macht offenbar schon Sinn, solche Übungen von den «Armeefans» selber durchführen zu lassen.

Die von Ogi kurz vor seinem Abgang vorgegebenen Richtlinien dürften nicht das letzte Wort bleiben. Einwände, es sei zu schnell geschossen und dabei ungenau gezielt worden, sind nicht zu überhören.

In der «Basler Zeitung», um eine kritische Stimme anzuführen, hiess es, «dass im VBS wieder einmal versucht wurde, das Dach zu decken, bevor das Fundament gebaut ist.» Der doch recht massive Vorwurf wird mit dem Hinweis begründet, «es fehlt eben nach wie vor das verbindliche Armeeleitbild». Das heisst, es fehlt der konkret definierte Auftrag an die Armee. Gleichwohl sei die Reform «wegen Ogis zupackender Art seinem Konto gutzuschreiben, auch wenn sie nun zu Schmids Werk wird.»

Unklarheiten und auch Widersprüche bestehen im strategischen und aussenpolitischen Bereich. Der eigentliche Streitpunkt ist eindeutig die aussenpolitische Flanke: Dürfen Schweizer Soldaten die UNO bei Friedensaktionen unterstützen? Dürfen sie das bewaffnet, um sich notfalls zum Selbstschutz zu verteidigen? Während ich das schreibe, ist die Frage noch offen. Zwei Referenden gegen das teilrevidierte Militärgesetz, das eben diese Auslandeinsätze unter ganz bestimmen UNO-Kriterien regelt und dem Bundesrat den Entscheid offen lässt, sind eingereicht worden. Eines von ganz rechts, eines von ganz links. Da bahnt sich für die auf Juni 2001 angesetzte Volksabstimmung eine unheilige Allianz an.

Für Ogi war das UNO-Mandat effektiv das A und O der Armee- und Militärgesetzreform. Sein Nachfolger Samuel Schmid dürfte diese Frage etwas aus dem Zentrum wegrücken.

Karl W. Haltiner, Dozent für Militärsoziologie in der Militärischen Führungsschule der ETH Zürich, ist gefragt worden, ob es richtig war, den Mannschaftsbestand festzulegen, bevor der Auftrag klar definiert worden sei: «Logischerweise brauchen wir zuerst die Zielsetzungen für die Armee, und die leiten sich aus den aussenpolitischen Zielsetzungen ab. Dort sind wir aber seit acht Jahren blockiert. Mit der Fortführung des neutralitätsbegründeten Abseitsstehens der Schweiz, ohne klaren aussenpolitischen Kurs, tappen wir sicherheits- und militärpolitisch im Nebel und peilen über den Daumen, wie viele Leute die Armee braucht. Letztlich kann man über die genauen Bestände erst dann diskutieren, wenn die Revision des Militärgesetzes unter Dach ist.» Grösse und Anforderungsprofil für die Armee hängen nach allgemeiner Einschätzung, Haltiner steht da nicht allein, vom Auslandengagement ab.

Ogi hat die Armee aus ihrer geistigen Isolation befreit und hat mit der Doktrin aufgeräumt, sie müsse den Krieg allein gewinnen – eine gegen alle. Die neue Doktrin heisst «Sicherheit durch Kooperation». Das ist das Ende des militärpolitischen Alleingangs der Schweiz. Sicherheit und Frieden sind unteilbar geworden. Die Versöhnung zwischen Frankreich und Deutschland nach zwei Weltkriegen und die daraus entstandene Europäische Union bringen auch der Schweiz mehr Sicherheit. Die EU ist in der jüngeren Geschichte dieses Kontinents die erfolgreichste Friedensorganisation geworden, und nicht nur, wie bei uns die Meinung vorherrscht, eine Wirtschaftsunion mit Binnenmarkt.

Mit der «Sicherheit durch Kooperation» ist die internationale Friedensförderung für die Armee zum neuen Schwerpunkt geworden.

Noch an der Expo 1964 hatte sich die Armee im eigenen Militärpavillon als Igel dargestellt: Militärische Landesverteidigung in der Igelstellung. Die Igelmentalität prägte das sicherheitspolitische Denken bis in die jüngste Zeit hinein. Ogi erkannte darin kaum mehr viel Sinn: «Die Armee, die wir haben, können wir nicht ins nächste Jahrhundert fortschreiben.»

Nach dem bedächtigen EMD-Chef Villiger, der mit der «Armee 95» einen vorsichtigen Reformkurs nach dem Motto «weniger Fett, mehr Muskeln» anging, hat Ogi einen eigentlichen Umbau der Armee eingeleitet und der Sicherheitspolitik eine neue Dimension verliehen. Ich würde von einer kalkulierten Reformbereitschaft ausgehen: Ogi wollte die Armee modernisieren. Er wollte sie aber auch «retten» und schob ihr haufenweise neue Aufgaben zu, die nun zum Teil vor allem von der Wirtschaft kritisiert werden.

Die Schweiz liegt geografisch im Zentrum der 15 EU-Länder. Mit der Osterweiterung werden in ein paar Jahren weitere dazu kommen. Die EU ist als eine Wirtschaftsgemeinschaft gegründet worden, führte für ihre Mitgliedsstaaten den grenzenlosen Binnenmarkt ein und ab 2002 werden gut 300 Millionen Einwohner den Euro als Zahlungsmittel im Portemonnaie haben. Das ist nach 44 Jahren, erst so lange gibt es die EU, eine ordentliche Bilanz.

Die Entwicklung wird weitergehen. Bereits hat die EU mit dem Spanier Javier Solana einen eigenen Aussenminister. Der ehemalige NATO-Generalsekretär ist seit 1999 in der EU für die gemeinsame Aussen- und Sicherheitspolitik zuständig. Ob die Schweiz irgendwann der EU angehören wird oder nicht, für sie wird das europäische Umfeld immer friedlicher und ein militärischer Überfall immer unwahrscheinlicher.

Der freisinnige Ständerat Dick Marty aus dem Tessin teilt diese Meinung und verschiebt die Bedrohung in eine andere Richtung: «Die grösste Gefahr, welche sogar unsere Demokratie destabilisieren kann, ist nicht militärischer Art, sondern sie geht von der organisierten Kriminalität aus. Die Schweiz hat das noch viel zu wenig erkannt. Deshalb leisten wir uns eine Armee, die Milliarden kostet. Und für den Kampf gegen die Mafia gibt es kaum Geld.»

Peter Niggli, Geschäftsführer der Arbeitsgemeinschaft schweizerischer Hilfswerke, weitet das Aktionsfeld noch aus. Er sieht die dringendste Verteidigungsaufgabe im Kampf gegen die Armut, Verelendung und Umweltzerstörung.

Nun ist eine Milizarmee kein Instrument für den Kampf gegen Mafia und Armut. Das ist nicht ihr Auftrag. Der vorgeschlagene Abbau auf noch 119 000 Mann hilft indirekt, indem der humane Ressourcenverschleiss reduziert wird und Kräfte für andere Aufgaben freigesetzt werden.

Adolf Ogi sagte einmal, er wolle der Armee «eine neue Seele geben». Was genau er damit meinte, weiss ich nicht. Ich vermute die Neuausrichtung in der Aufgabenstellung, das Herauskommen aus dem Igelbau, den Aufbruch zu neuen Ufern. Da hat er in der doch kurzen Zeit von fünf Jahren Erstaunliches getan:

- Seit 1994 bietet die NATO interessierten oder neutralen Staaten die «Partnerschaft für den Frieden» an (Partnership for Peace, PfP). Bezweckt wird eine engere Zusammenarbeit in militärischen und sicherheitspolitischen Fragen «mit der Perspektive einer späteren Aufnahme in das Verteidigungsbündnis», so «Der Fischer Weltalmanach 2000».
- Einsitz der Schweiz im Euro-Atlantischen Partnerschaftsrat. NATO- und PfP-Staaten arbeiten in den Bereichen Friedenserhaltung, humanitäre Einsätze und Kriegsverhinderung zusammen.
- Schaffung eines Zentrums für demokratische Kontrolle der Streitkräfte mit Sitz in Genf. VBS und Aussenpolitisches Departement bestreiten das Budget von 10 Millionen Franken jährlich. Vorgesehen sind 30 Stellen. Ausländische Partner werden eingeladen, mitzumachen. Demokratische Kontrolle der Streitkräfte hat zum Ziel, die Armee in die demokratischen Strukturen eines Staates einzuordnen und sie nicht als Staat im Staate werden zu lassen. Das Zentrum hat einen Bezug zur Partnerschaft für den Frieden.
- In Bosnien, Kosovo, vor allem in vielen Ländern Afrikas sind Landminen ein tödliches Problem. Experten schätzen ihre Zahl auf gegen 100 Millionen. Die Schweiz unterstützt Entminungsaktionen mit Militärspezialisten. Darüber hinaus hat Ogi auf Wunsch von UNO-Generalsekretär Kofi Annan in Genf ein Koordinationszentrum für die Minenräumung aufbauen lassen.
- An seiner zweitletzten Bundesratssitzung hat Ogi eine Direktion für Sicherheitspolitik vorgeschlagen. Militärdiplomaten sollen abklären, wie weit die Sicherheitspoli-

tik der Schweiz an den NATO-Standard angeglichen werden soll oder muss, um wirksam zu sein.
- Nach dem Nein zu Schweizer UNO-Blauhelmen hat Ogi den engen politischen und gesetzlichen Spielraum ausgereizt, um die Hilfseinsätze der Gelbmützen in Bosnien, der Helikopter in den albanischen Flüchtlingslagern oder der Swisscoy in Kosovo möglich zu machen.

«Die Armee beginnt sich aus der einst verkrampften Igelstellung herauszulösen und drängt – mit friedlicher Absicht – über die Grenzen», beschrieb Ogi den Öffnungskurs.

Die lange geübte autonome Verteidigung ist von der internationalen Zusammenarbeit abgelöst worden. Darin sehen Gegner die Verletzung oder gar die Aufgabe der Neutralität und das heimliche Herantasten zur NATO.

Der berühmte ETH-Professor Karl Schmid, der über Zukunftsfragen der Schweiz bleibende Werke zurückgelassen hat, hielt bereits 1957 «die Dominanz der Neutralität im nationalen Bewusstsein für unfruchtbar». Prof. Jürg Martin Gabriel, ein Experte seit Jahrzehnten, erklärt, Neutralität sei kein Selbstzweck, «sondern ein Instrument, um unsere Interessen zu wahren und uns Sicherheit zu geben. ‹Lieber neutral sterben› als ‹verbündet überleben›, das ist nie die Meinung des Bundesrates gewesen.»

Ogi selber sieht keine Möglichkeit, der NATO beizutreten, «solange man die Neutralität beibehält». Unschwer herauszuhören ist, er hätte es gerne anders.

Nicht gerade harmonisch, um ein anderes Kapitel aufzuschlagen, verlief Ogis Einstand mit der Generalität. Knatsch gab es vor allem mit dem noch von Villiger ausgewählten Generalstabschef Arthur Liener. Der Fall Nyffenegger trübte das Klima. Ogi ging angeschlagen zum Militär. Das Gefühl, die Verfehlungen des Obersten Nyffenegger habe man ihm verschweigen wollen, machte ihn misstrauisch. Die von der Bundesanwältin Carla del Ponte entfesselte Hektik bestärkte ihn darin.

Im EMD war jahrzehntelang eine Geheimhaltungspolitik praktiziert worden, die näher bei der Hysterie als bei der Vernunft war. Nello Celio, freisinniger EMD-Chef von 1966 bis 1969, sagte mir, als ich wegen eines Votums im Nationalrat von der Militärjustiz mit dem Vorwurf konfrontiert worden war, ich hätte Geheimnisverrat betrieben, diese Geheimhaltungsmanie sei «lächerlich und in den meisten Fällen willkürlich».

Nun ist es natürlich keine Bagatelle, wenn zwei oder drei der so genannten Behelfe für den Generalstab in fremde Hände geraten. Das war ja passiert. Im Politmagazin «Facts» hiess es dazu: «Ogi versucht mit allen Kräften, die Affäre so zurechtzubiegen, dass Liener die Hauptschuld tragen muss.» Dieser wiederum fand, die Bundesanwältin habe das Ganze unnötig hochgeschaukelt. Liener hat den Staat nicht in Gefahr gesehen. Aber das Geschirr zwischen ihm und Ogi war kaputtgeschlagen.

Arthur Liener stufe ich als aussergewöhnlichen Generalstabschef ein. Ich habe als Nationalrat keinen anderen mit diesem Format erlebt. Ich sagte stets, Liener sei ein Demokrat, und dafür würde ich die Hand ins Feuer legen. Das konnte man nicht von allen seinen Vorgängern behaupten.

Ogi und Liener sind schon von Natur aus grundverschiedene Persönlichkeiten. Der Sportler trinkt Isostar, der Militär lieber ein Glas Wein, dazu raucht er gemütlich einen Stumpen. Der eine ist misstrauisch, der andere empfindlich. Ogi war überzeugt, Liener sei nicht loyal zu ihm. Liener vermisste Ogis Vertrauen und litt darunter, weil der Chef nicht mit der Linie, nicht mit den Armeespitzen arbeitete, sondern mit seinen Beratern. Dazu lief im «Blick» eine Kampagne gegen den Generalstabschef, und der dafür verantwortliche Bundeshausredaktor wechselte später in Ogis Beraterstab.

«Facts» zeichnete folgendes Bild: «Die drei Korpskommandanten Arthur Liener, Jean-Rodolphe Christen und Fernand Carrel sowie Rüstungschef Toni Wicki erfahren jeweils via Presse von den neuartigen, intern nie durchdiskutierten Ansichten ihres Chefs zur ‹Armee 2005› (heute Armee XXI).»

Die drei Kommandanten – Generalstabs-, Ausbildungs- und Fliegerchef – waren Ogis höchste Generäle. Das Verhältnis mit dem Rüstungschef hatte sich normalisiert. Als Anfang 1999 die Rüstungsunternehmen des Bundes in Aktiengesellschaften umgewandelt und in der Ruag-Holding zusammengefasst worden sind, wurde der Rüstungschef Wicki auch noch Konzernchef der neuen Rüstungs- und Industriegruppe. Fast zwei Jahre lang gab es den doppelten Wicki: Als Chefeinkäufer für Rüstungsgüter und als Verkäufer von solchen. Das heisst, Wicki kaufte bei Wicki.

Arthur Liener hingegen verschwieg die fortgeschrittene Zerrüttung im Verhältnis mit dem Departementschef nicht mehr und gab jegliche Zurückhaltung auf. Und zwar auf drastische Art. In einem Interview bezeichnete er seinen Lohn als «Schafseckelzulage». Dahinter steckten Wut, Enttäuschung, Resignation, Provokation. Der Bundesrat unterhielt sich über diese schonungslose Offenlegung von Lieners Befindlichkeit und werweisste, ob eine solche Aussage toleriert werden dürfe. Ogi wollte keinen Skandal und arrangierte sich mit dem ungeliebten Generalstabschef. Beide einigten sich im gegenseitigen Einvernehmen, dass Liener früher in Pension treten werde. So tönt es auch immer, wenn ein Fussballclub seinen Trainer entlässt. Liener allerdings hatte den vorzeitigen Abgang mit der «Schafseckelzulage» kalkuliert provoziert.

Ogi holte mit Hans-Ulrich Scherrer einen pflegeleichten Nachfolger. Die beiden hatten in Kandersteg schon als Buben miteinander Indianerlis gespielt. Scherrer ist intellektuell wenig kreativ, tritt öffentlich als Generalstabschef selten in Erscheinung, ist eher der Adjutantentyp, der zum Beispiel seine Umgebung respektvoll warnt, «seien Sie vorsichtig heute, der Chef ist schlecht gelaunt».

Der frühere Generalstabschef Heinz Häsler, der 1993

altershalber zurücktrat, wird in «Facts» mit den wenig schmeichelhaften Worten zitiert: «Villiger war ein Departementschef, der gut zu führen war.» Das, muss sich Ogi geschworen haben, wird mir nicht passieren. Er schrieb daher das Primat der Politik gross und bisweilen die Kompetenzen der Korpskommandanten klein. Mit Liener resultierten daraus Spannungen. Mit Scherrer nicht mehr.

Die Amtszeit von Verteidigungsminister Adolf Ogi war für ihn zu kurz, um alle eingeleiteten Reformen abzuschliessen. Er hat die Armee umgebaut wie keiner vor ihm. Da bleibt Unvollendetes zurück. Das ist bei einer derart grossen Übung nicht anders möglich.

Der Bundesrat legte dem Nationalrat Ende 2000 das Konzept mit dem «operativen Vorfeld» vor. Dieses liegt 150 bis 200 Kilometer ausserhalb der Schweiz. Zu Manövrierszenarien im kalten Krieg gehörte zum Beispiel der Raum München-Augsburg. Diese Strategie stammt aus der Zeit des Ost-West-Konflikts und passt nicht zur Doktrin «Sicherheit durch Kooperation». Es gibt ein «operatives Vorfeld» für die Information, nicht aber für die militärische Aktion.

Gemessen an der landesüblichen Langsamkeit in der schweizerischen Politik erreichte Ogi Unglaubliches. Sein grösstes Risiko war vielleicht er selber – weil er gelegentlich vor lauter Tempo den zweiten Schritt am liebsten schon vor dem ersten gemacht hätte.

Ende Februar 2001 hat Klaus Bald die Schweiz als Botschafter der Bundesrepublik Deutschland verlassen. Er würdigte die Schweizer Armee als Integrationsfaktor für unsere Gesellschaft, relativierte aber ihren militärischen Wert: «Die Europäer sind es, die – zusammen mit den USA im Rahmen der NATO – ein Sicherheitssystem aufgebaut haben, das auch die Schweiz beschützt. Zu diesem System trägt die Schweiz aber nichts bei, auch nicht in finanzieller Hinsicht.»

Wer nicht dem Anti-Deutschenreflex verfallen ist, liest aus dieser Ermahnung nur eines heraus: «Sicherheit durch Kooperation» ist die einzige Zukunftsperspektive – auch für die Schweiz. Diese Einsicht ist allerdings noch längst nicht Allgemeingut. Im übrigen hat Adolf Ogi das Jahr 2000 als Bundespräsident in absoluter Hochform bestanden. Eine solche «Wiedergeburt» hätten ihm 1995 nicht mehr viele zugetraut.

10. Die Partei der Gnadenlosen

«Ich werde an SVP-Delegiertenversammlungen nicht mehr anzutreffen sein. Das ist eine Erleichterung», freut sich Ogi über die im Ruhestand neu gewonnene Freiheit. Der Gang an die SVP-Parteitage «war nicht immer ein Honiglecken, sondern ein relativ schwieriger Parcours. Aber ich bin immer angetreten und habe die Politik des Bundesrates erläutert, was manchmal Mut brauchte.»

Die Parteien haben es mit ihren Bundesräten nicht immer leicht – was auch umgekehrt gilt. Das liegt am System. In Deutschland, Frankreich, England, Dänemark, Schweden, um nur sie aufzuzählen, ist der Regierungschef zugleich auch Parteipräsident. In diesen Ländern wird nach dem Mehrheitsprinzip regiert. Die Mehrheitspartei trägt die Regierungsverantwortung allein oder mit kleineren Partnern in einer auf das gemeinsame Regierungsprogramm ausgerichteten Koalition. Die Partei ist direkt in das Regierungsgeschäft eingebunden. Die Fraktion unterstützt diszipliniert ihre Regierung, da kann nicht jeder machen, was er will. Es herrscht Fraktionszwang.

Der aus vier Parteien zusammengesetzte Bundesrat funktioniert anders. Es gibt kein gemeinsames Regierungsprogramm. Die vier Parteien vertreten zum Teil konträre Ansichten. Die Kunst des Regierens besteht darin, dass Rechte und Linke, wenn möglich irgendwo im Bereich der undefinierbaren Mitte, eine im Parlament und beim Stimmvolk mehrheitsfähige Konsenslösung finden. Die Kollegialbehörde, als die sich der Bundesrat sieht, regiert am liebsten einstimmig. Wenn das nicht geht, bilden sich «Blöcke»: FDP und CVP, FDP und SP, CVP und SP. Mit je zwei Bundesräten ergibt das immer eine Mehrheit von 4:3 oder 5:2, je nachdem, mit wem der SVP-Bundesrat stimmt.

Das System ist so kompliziert, dass es nirgends sonst noch praktiziert und meistens auch nicht begriffen wird. Denn, das kommt noch hinzu, die Opposition sitzt gerade auch noch in der Regierung. Die so genannten Oppositionsparteien sind zu schwach, um etwas durchzusetzen. Damit im Bundeshaus nicht ein Politkartell die Szene beherrscht, haben wir oppositionelle Regierungsparteien. Die FDP schert bei der Finanz- und Wirtschaftspolitik aus, die SP im Sozial-, Armee- und Service-public-Bereich, während die CVP im Dreivierteltakt auf Regierungskurs bleibt – immer dreimal mit der FDP und dann einmal zusammen mit der SP.

Eine Sonderrolle spielt die SVP. Sie lehnt jede Öffnung hin zur EU, UNO oder NATO ab, ist gegen humanitäre Armeeeinsätze im Ausland, für sie stellen Asylanten eine akute Bedrohung dar. Neutralität ist ein Glaubensdogma, Finanzpolitik beschränkt sich auf Steuerabbau, die Wirtschaft soll auf der freien Wildbahn des Marktes schalten und walten können, wie sie will, und vom Staat in Ruhe gelassen werden. Die SVP ist heute die stärkste regierende Protestpartei. Ihr Wähleranteil beträgt nach den Wahlen von 1999 22,5 Prozent, gleich hoch wie der von der SP, liegt aber über dem von FDP und CVP. Seit Ogi 1987 als Parteipräsident zurückgetreten ist, hat sich der Wähleranteil beinahe verdoppelt. Das ist für schweizerische Verhältnisse sensationell.

Christoph Blocher ist es gelungen, erklärt der Politologe Claude Longchamp, den nationalkonservativen Heimatschutz mit den Erfordernissen eines wirtschaftsliberalen Deregulierungskurses zu verbinden. Das «TA-Magazin» schwärmt: «Blocher beerbte den angeschlagenen Zürcher Freisinn, indem er die Tugenden des freien Unternehmertums gleichsam ins Bodennahe transportierte. Er erfand die

SVP neu als Dächlikappen-FDP, der die Arroganz einer Doktoren- und Honoratiorenpartei abging und die trotzdem Anklang fand bis hinauf in die freisinnigen Bastionen am Zürichberg. Es war ein Glanzstück des politischen Marketings, als Blocher seine wirtschaftsliberalen Anliegen mit einer Partei verheiratete, die sich vorrangig aus Protektionisten, Subventionsempfängern und Modernisierungsverlierern zusammensetzte.» Den entscheidenden Kick, stärkste bürgerliche Partei zu werden, habe die Europapolitik gegeben: «Noch bedeutender freilich war Blochers Anti-EU-Politik, ein Meisterstück politischer Instinktsicherheit, das ihm einen Zugang zum nationalen Lebensnerv ermöglichte. Blocher erkannte, dass der patriotische Basiskonsens im Land nicht auf Konzepten der Nation, der Kultur, der ethnischen Abstammung beruht, sondern auf den Verfahrensregelungen unserer direkten Demokratie. Was freisinnige Bundesräte nur an Festansprachen zu sagen wagten, rückte Blocher in den Mittelpunkt seiner Politik: Er predigte die Metaphysik, was in der Tat den Kern unserer politischen Identität berührt. Der Schweizer ist ein Verfassungspatriot im Wissen darum, dass dieses Land von nichts anderem zusammengehalten wird als von einem über Jahrhunderte hinweg gewachsenen System der Rede und Gegenrede, das sich auf allen Stufen des Staates zur Geltung bringt. Soll man dieses mehr oder minder hausgemachte Modell ans Mutterschiff der EU andocken? Nur naive EU-Euphoriker konnten in dieser verständlichen skeptischen Regung einen Ausfluss hinterwäldlerischer Verstocktheit erblicken.»

Die geradezu verzückte Verneigung vor Blochers «Meisterstück» ist dann angebracht, wenn Erfolg an sich registriert und jedes Mittel dafür legitimiert wird. Blocher ist ein besonderer Politiker, ohne Zweifel. Er hat die SVP privatisiert und politisch in «Geiselhaft» genommen.

Vor über 20 Jahren übernahm er das Präsidium der SVP des Kantons Zürich. Seither expandiert sie Richtung übrige Schweiz. Es ist ihm gelungen, die Vormachtstellung der SVP des Kantons Bern zu durchbrechen. Blocher verfügt über eine Infrastruktur, wie sie kein Politiker und keine Partei sonst hat. Für eine Abstimmung wie über das Militärgesetz budgetiert er nach eigenen Angaben ein paar Millionen. Andere Parteien bringen in solchen Fällen 100 000 Franken auf, wenn überhaupt.

In der Stadt Zürich führt der zweite Multimillionär, Nationalrat Walter Frey, die Partei. So ist die SVP eine Privatfirma von Blocher, Frey & Konsorten geworden. Blocher ist Konzernboss, hat die Richtlinienkompetenz, Walter Frey ist Fraktionschef, zuständig für den Vollzug. Der dritte Mann ist Ueli Maurer. Er wird oft als Präsident der SVP Schweiz unterschätzt. Maurer hinterlässt in diesem Machtpool gelegentlich persönliche Duftmarken, indem er seine doch subalterne Position nicht schlecht als autonome Funktion darzustellen vermag.

Im Laufe der Blocher-Jahre ist die SVP des Kantons Bern eingekreist und schweizerisch marginalisiert worden. Auch wenn der Ogi-Nachfolger im Bundesrat, Samuel Schmid, die SVP bestimmt nicht annähernd ähnlich wie Ogi nerven und provozieren wird, ist er ein Berner SVP-ler, der Blochers offizielle Kandidaten in der Bundesversammlung am Wahltag des 6. Dezember 2000 zu Statisten degradiert hat. Ob Schmid diese Kränkung gutmachen kann und will, bleibt abzuwarten.

Möglich ist, dass die Blocher-SVP im Berner Revier wildern wird. Die Berner SVP wird als der liberale Flügel angesehen. Dabei logiert sie ideologisch in einem währschaft konservativen Haus. Die SVP des Kantons Bern ist eine Staatspartei, darin unterscheidet sie sich von Blocher. Sie sieht ihr Heil nicht darin, dem eigenen Finanzminister die nötigen Finanzmittel vorzuenthalten und damit den Staat möglichst zu schwächen, wie das die SVP des Kantons Zürich systematisch macht.

Blochers Satellit, Nationalrat Toni Bortoluzzi, sozialpolitischer Weichspüler der SVP, hat im November 2000 in der

Aula von Steffisburg bei Thun ein «Zmorge-Büffet» auffahren lassen. Nicht für die SVP-Ortspartei, sondern für die BVP, Bernische Volkspartei. Jede Bewegung sei willkommen, die gegen die SP antreten wolle, flattierte Bortoluzzi der BVP. Effektiv aber wird die BVP gegen die bernische SVP als Versuchsballon gestartet. Von dort aus wollen Blochers Kumpane beobachten, ob es bei einem Strohfeuer bleiben oder ob ein Flächenbrand ausbrechen wird, vor dem dann die heimlichen Blocher-Fans ins BVP-Auffanglager flüchten werden.

Christoph Blocher führt die Partei wie ein Unternehmen, mit Ueli Maurer als Geschäftsleiter. Der Sprachwissenschaftler Martin Luginbühl, Lehrbeauftragter am Deutschen Seminar der Universität Zürich, hat die Rede von Christoph Blocher, die er am traditionellen Albisgüetli-Treffen im Januar 2001 gehalten hat, analysiert:

«Bundesrat und Parlament seien perfide Betrüger, die nur eines im Sinn hätten: Die Schweiz zu zerstören, ‹das Recht des Volkes zu umgehen›, um die Schweiz ‹mit legalen, illegalen, ethischen und immer wieder neu ausgeheckten Gründen› in die EU zu führen. Von Diktatoren und dem Zertrümmern der Schweiz ist die Rede. Die Schweiz solle ‹auf dem Altar kleinmütiger Politiker› geopfert und ‹das Begräbnis unseres eigenen Landes inszeniert› werden. Argumentation und Stil von Christoph Blocher: Er unterstellt seinen Gegnern unehre Absichten, damit seine eigenen umso erhabener erscheinen.»

Das Repertoire von Blocher ist konsequent verleumderisch.

Die Demokratie lebt vom Dialog. Die andere Meinung ist demokratische Normalität. Dazu gehört auch der Respekt und der Anstand vor dem Andersdenkenden. Es gibt ein paar primitive Grundbegriffe, die für das Zusammenleben in einer demokratischen Gesellschaft unentbehrlich sind. Ich vergleiche sie mit den Spielregeln im Fussball. Sie müssen eingehalten werden, damit ein Match überhaupt unter einigermassen zivilisierten Bedingungen stattfinden kann.

In der Politik fehlen Schiedsrichter und verbindliche Benimm-dich-Regeln. Hier gibt es Beifall und Pfiffe. Am Schluss aber zählen die Stimmen.

Blochers Anhänger bewundern ihn vorbehaltlos: Den Erfolg als Unternehmer, seinen Reichtum, seine Unart, wie er Andersdenkende in die Pfanne haut; seine Demagogie, die vor keiner Diffamierung zurückschreckt; seine theatralische Empörung, wenn er die Freiheit und Unabhängigkeit des Landes verteidigt, obschon sie gar nicht bedroht sind; seine Kunst, wie er dem politischen Gegner Verratshandlungen unterschiebt, die dieser gar nie begangen hat.

Blocher hat seinen Kampfstil schon 1983 ausgewählt: «Ich habe das Wort geprägt, Politik müsse holzschnittartig sein. Allzu differenzierte Politik löst sich in Nebel und nichts auf.» Politik verständlich zu machen wäre an sich lobenswert. Zu viele Politiker verkomplizieren alles, reden eine Sprache, die kaum einer versteht. «Einfach» sollte aber inhaltlich nicht falsch oder gelogen sein. Blocher sagt, «ein Kopf im Holzschnitt ist einfach, aber das Wesentliche kommt darin zum Ausdruck.» Aber nur, wenn der Kopf nicht «holzschnittartig» verstellt wird. Genau das tut Blocher systematisch. Seine Rede im Albisgüetli vom Januar 2001 beweist das erneut:

- Blocher genügt es nicht, gegen die EU zu sein und einen Beitritt mit den landesüblichen Mitteln auf demokratische Art zu bekämpfen. Er diffamiert die Befürworter, nennt den Bundesrat «einen Betrüger», der die «Schweiz zerstören will». Betrüger sind Gauner, die zu allem bereit sind, nur nicht zu etwas Gutem. In diese Gesellschaft reiht Blocher den Bundesrat ein.
- Blocher behauptet unverfroren, der Bundesrat wolle «das Recht des Volkes umgehen» und wie in einer Diktatur den EU-Beitritt heimlich, sozusagen staatsstreichartig, vollziehen. Er verschweigt, dass über den EU-Beitritt, wann immer es so weit sein sollte, abgestimmt werden

muss. So steht es in der Bundesverfassung. Diese wird eingehalten. Wir haben ja im März 2001 schon nur über die an sich banale Frage abgestimmt, ob der Bundesrat mit «Brüssel» sofort Verhandlungen aufnehmen oder aber noch zuwarten soll.
- Blocher unterschiebt der Landesregierung, sie inszeniere «das Begräbnis der Schweiz». Wer den EU-Beitritt befürwortet, ist nach seiner Auffassung faktisch ein Verräter. Da die Befürworter in der Romandie in der Mehrheit sind und gesamtschweizerisch das Verhältnis ungefähr halb-halb ist, müsste nach Blochers Politverständnis das Land politisch schwer verseucht sein.

Blochers Verunglimpfungen sind absurd, sie haben sich zunehmend noch verschärft. Seine Verleumdungsarie wird immer schriller. Aber die Anhänger des SVP-Gurus empören sich darüber keineswegs, sie sind entzückt. Sie jubeln, sie klopfen sich im Albisgüetli auf die Schenkel und entschuldigen die gröbsten Beleidigungen, man dürfe nicht alles zum Nennwert nehmen, Blocher sei halt so. Und weil er halt so ist, darf er sich offenbar alles erlauben.

In Deutschland hat die CDU unter einem Proteststurm aus der Öffentlichkeit und der eigenen Partei, zur Ehre der CDU sei das erwähnt, ein Plakat zurückgezogen, auf dem Bundeskanzler Gerhard Schröder nach dem Muster der Polizei wie eine Krimineller abgebildet worden war. Die SVP des Kantons Zürich aber plakatiert ohne Hemmungen einen vermummten Gangster, mit dem Text darunter: «Sozialistische Politik hat schon immer mehr Verständnis für Rechtsbrecher als für Opfer gehabt.»

In einem anderen Inserat heisst es: «Wer steht den Linken näher? Die eigenen Bürger oder Kriminelle?» «Linke und Grüne» sind auch schon als Filzläuse, als Ungeziefer also, dargestellt worden. Asylanten sind im gleichen Stil kriminalisiert und mit einem typischen Gangster verglichen worden.

Das alles scheint die Fans von Blocher nicht zu stören. Sie sind auch resistent, wenn er zum Beispiel Arbeitslose beleidigt. Mitte der neunziger Jahre hatten wir in der Schweiz gegen 250 000 offiziell registrierte Arbeitslose. Im Nationalrat gab es in der Herbstsession 1994 eine Debatte über das Arbeitslosenversicherungsgesetz. Blocher wollte den Arbeitslosen für die ersten 30 Tage das Arbeitslosengeld streichen. Mit der Begründung, sie seien daran selber schuld, sie sollen arbeiten gehen, Arbeit gebe es genug. Seine Brutalität ist oft grenzenlos.

Blocher wird von seinen Anhängern nicht zuletzt dafür bewundert, wie er zusammen mit seinem Bankier Martin Ebner seinen Reichtum vermehrt hat. Peter Bichsel hat einmal geschrieben, die meisten Schweizer würden wie Reiche denken. Warum? Weil sie hoffen, selber reich zu werden.

Der Lausanner Professor Thomas von Ungern-Sternberg hat 1999 publiziert, wie Blocher Milliardär geworden ist:

«Das steuerpflichtige Vermögen von Herrn Blocher ist in der Periode von 1993 bis 1997 immerhin von ca. 300 Millionen auf ca. 1100 Millionen Franken gestiegen – ein Vermögenszuwachs von 200 Millionen Franken pro Jahr. Sein steuerpflichtiges Einkommen lag in der ganzen Periode bei ungefähr 1 Million Franken pro Jahr. Seine effektive Einkommenssteuerbelastung dürfte damit weiter unter einem Prozent gelegen haben. Der Durchschnittsbürger wagt von solchen Verhältnissen nicht einmal zu träumen.»

Die Frage liegt natürlich auf der Zunge, wie so etwas möglich sei. Dazu Prof. Thomas von Ungern-Sternberg:

«Natürlich ist davon auszugehen, dass Blocher das Schweizer Steuergesetz immer strikt eingehalten hat. Aber er erzielt seine Vermögenszuwächse halt zum grössten Teil in der Form von (unbesteuerten) Kapitalgewinnen. Diese Möglichkeit ist dem Normalsterblichen nicht gegeben.»

Kapitalgewinne sind in der Schweiz steuerfrei. Mit der offiziellen Begründung, eine solche Steuer wäre zu unergiebig und administrativ zu aufwändig. Wenn Sie das nicht glauben, fragen Sie den Finanzminister. Er sagt das. Blocher also profitiert vom steuerfreien Luxus. Dafür versteuern wir ja mit dem Lohnausweis den letzten Franken. Das Ganze nennt sich Steuergerechtigkeit. Item, Blocher haute in seiner Neujahrsansprache vom 1. Januar 2000 gehörig auf den Sozialstaat ein. Da damals Bundespräsident Adolf Ogi die offizielle Neujahrsansprache halten durfte, machte ihm Blocher Konkurrenz. Für einmal allerdings hat das niemand gemerkt.

«Dem ruinösen ‹Wohlfahrtsstaat›, der zum Armenstaat wird, müssen wir deshalb im 21. Jahrhundert wie nie zuvor Selbstverantwortung und freie Marktwirtschaft entgegenhalten», proklamierte Blocher. «Das 21. Jahrhundert wird Abschied nehmen vom Staat.»

Mit mehr «Selbstverantwortung» ist gemeint: Der Arbeitslose soll bitte selber für sich sorgen. Nur im allerschlimmsten Fall bleibt für ihn der Gang zum Fürsorgeamt offen. So denkt halt ein Reicher, der das Privileg der steuerfreien Vermögenszunahme geniesst.

Der Kampf gegen den Staat ist ein altes reaktionäres Ziel. Willi Ritschard fand dazu die passende Antwort: «Der rechtsliberale Ruf nach einem minimalistischen Staat, der nur in der allerletzten Not eingreifen soll, ist der alte rechtsbürgerliche Kampf gegen die soziale Gerechtigkeit.»

Für Blocher steckt hinter dem Staat immer die Sozialdemokratie: «Unsere Gegner sind die Sozialdemokraten. Von der SP kommt der Steuerdruck (unter dem er nicht leidet), die Allmacht des Staates, die Missachtung der Schweiz und die falschen Rezepte, und leider laufen auch FDP und CVP hinten nach.»

Seit Jahren plagt er die FDP und CVP, eigentlich seien sie keine bürgerlichen Parteien mehr. Im April 1999 forderte Blocher: «Keine Kompromisse mehr nach links.» Gleichzeitig veröffentlichte er die an alle Haushalte verteilte Kampfschrift: «An die Sozialisten in allen Parteien». Gemeint sind die so genannten Sozialisten in der FDP und CVP, die noch immer mit der SP zusammenarbeiten. Das hält Blocher offenbar für undemokratisch. Deshalb schimpft er den Bundesrat seit Jahren als «Mitte-Links-Regierung». Die SP müsse raus, ist sein erklärtes Ziel.

Sinn und Zweck dieser Taktik ist es, die Leute vom rechten Flügel in der FDP und CVP kopfscheu zu machen und sie zur SVP herüberzuziehen, dorthin, wo Bürgerliche hingehören. Liberale sind nach Blochers Verständnis keine Bürgerlichen.

Die politische Linke will er ausgrenzen. Ihn kümmert der historische Kompromiss zwischen links und rechts mitnichten, dank dem die Schweiz eine weltweit bewunderte soziale und politische Stabilität aufweist. Blocher will etwas anderes: mehr Macht.

Wenn er es für angebracht hält, mobilisiert er Gespenster: «Trotz der offensichtlich negativen Folgen ist unser Land in den letzten zwanzig Jahren immer mehr vom Weg der Freiheit abgekommen und wandelt zunehmend auf sozialistischen Pfaden.»

Das wäre ja zum Teil ein Riesenkompliment an die SP. Die Schweiz hat gemäss der Weltbank das höchste Pro-Kopf-Einkommen aller Länder auf dieser Welt. Die Wirtschaft figuriert in der Weltrangliste ganz weit oben auf einem der vordersten Plätze. Das Steuerklima der Schweiz gehört zu den mildesten in Europa. Die Staatsausgaben liegen unter dem europäischen Durchschnitt.

Blocher baut Attrappen auf und stellt sie dem verehrten Publikum als Originale dar. Aber der Verleger Michael Ringier hat im Oktober 1999 Blochers Manie treffend dargestellt: «Christoph Blocher braucht einen Feind, um Politik zu machen, wie das Auto Benzin, um zu fahren.» Voilà, so ist es.

Blochers Lieblingsfeind ist die SP. Adolf Ogi darf sich allerdings auch nicht beklagen, wie ich noch nachweisen werde. Zuerst nochmals die SP im Originalton von Blocher: «Offenkundig ist, dass sozialistische und kommunistische Politik einerseits mit nationalsozialistischer und faschistischer andererseits die gleiche ideelle Basis haben.»

Der Zürcher Soziologe Kurt Imhof meint dazu: «Blocher

provoziert eine Sozialdemokratie, die sich ausgerechnet durch ihren Antifaschismus und die Befürwortung der Landesverteidigung in diesen Staat integriert hat.»

Der renommierte Berner Historiker Prof. Walther Hofer, alt SVP-Nationalrat, erklärt kurz und bündig: «Blochers Vorwurf ist unhaltbar.»

Es ist diese Masslosigkeit, mit der Blocher zwar seine Klientel beglückt und damit Erfolg hat, ihn aber nach dem Massstab einer politischen Kultur unerträglich macht. Dass er die politische Linke als politischen Hauptgegner sieht, ist gute demokratische Überlieferung. Das gehört sich und niemand hat sich zu beklagen. Wenn Blocher aber den verbalen Totschläger schwingt, wie er das im Albisgüetli vom Januar 1999 getan hat, verspielt er den demokratischen Kredit:

«Mehr denn je werden wir im 21. Jahrhundert aufdecken müssen, dass der Sozialismus genau wie der Faschismus oder der Kommunismus unvermeidlich in den totalitären Staat und in die Vernichtung der demokratischen Ordnung mündet.»

Blocher ist ein kalter Krieger geblieben. Er denkt in den Kategorien von Freund und Feind. Ohne Mass und politischen Anstand dekliniert er Parteipolitik durch bis zur moralischen Vernichtung des politischen Gegners.

Blocher behauptet von sich, ein Christ zu sein. Von Nächstenliebe hält er offenbar wenig. Mehr dafür von sich. Ob er an Gott glaube, wurde er gefragt. Antwort: «Ob ich glaube? Es ist nicht wichtig, ob ich an den lieben Gott glaube. Wichtig ist nur, ob der liebe Gott an mich glaubt.» Die Aussage ist vielsagend. Es gibt Leute, die hat ihr Glaube so stark gemacht, dass sie eher an Gott zweifeln als an sich.

Wer mit der Konkurrenz hemmungslos umgeht, wie das Blocher tut, hat auch mit Andersdenkenden in der eigenen Partei Mühe. Myrtha Welti, bis vor ein paar Jahren Generalsekretärin der SVP Schweiz, hat «Die Geister, die man rief ...», blossgelegt:

- «Die neuen Wählerschichten haben unter der Führung der Zürcher Kantonalpartei der gesamten SVP die politische Marschrichtung und, schlimmer noch, eine Kultur des Radikalismus aufgezwungen. Exponenten wie der ehemalige Republikaner Ulrich Schlüer bestimmen heute die Politik der gesamten SVP und sind als einstige Randfiguren längst zu zentralen Akteuren geworden.»
- «Wenn der Satz, dass der ärgste Feind von SVP-Bundesrat Ogi seine eigene Partei sei, langsam zum geflügelten Wort wird, dann sollte diese Tatsache endlich aufrütteln.»
- «Ausserhalb der Partei sei es gerade auch der Wirtschaft ins Stammbuch geschrieben: Die SVP mag mit Christoph Blocher, ihrem ebenso brillanten wie erfolgreichen Verfechter des Neoliberalismus, eine Partei sein, der man weiterhin mehr oder weniger unverhohlen Reverenz erweist. Damit unterstützt man aber auch gleichzeitig eine politische Kultur, die eine gefährliche Sprache spricht, die unsere Strukturen und deren Vertreter verhöhnt und die den Staat immer aufs Neue zum Erzfeind des viel gepriesenen Volkes erklärt. Hier lautet die Frage, ob dieser Preis nicht zu hoch ist.»

Nationalrätin Lisbeth Fehr galt lange als treue Anhängerin von Blocher. Das hat sich geändert, wenn es je gestimmt haben sollte. Mich dünkt, Lisbeth Fehr habe, seit sie auch noch im Europarat politisiert, ihr Visier geöffnet. Dass die SVP im Herbst 2000 die Anti-Ausländerinitiative als einzige Bundesratspartei unterstützt hatte, verbitterte nicht nur Myrtha Welti, sondern auch Lisbeth Fehr, die beklagt, dass «wir den ganzen rechten Rand aufgesogen haben...» Heute würden «Autoparteiler, Schweizer Demokraten und Republikaner» das grosse Wort führen.

Adolf Ogi hatte genau vor diesem «politischen Flugsand» gewarnt. Christoph Blocher jaulte auf und mimte den Moralisten: «Ich bin erschrocken! Man beachte die Sprache: Menschen sind Flugsand.» Und dann erklärt er, weshalb diese Menschen ihre politische Parteifarbe gewechselt hätten: Weil sie unzufrieden seien, weil sie von der Mehrwertsteuer, den Bundesschulden und Lohnabzügen beinahe erdrückt würden. «Und jetzt kommt Bundesrat Ogi und bezeichnet diese als ‹Flugsand› – das ist die Verachtung des Volkes.» Wenn Krokodile weinen, werden sie nicht lieblicher.

«Politischer Flugsand» ist ein gängiger Ausdruck. Damit werden Wähler taxiert, die von einer rechten Partei zur anderen und noch rechteren wechseln. Blochers künstliche Empörung erinnert an den früheren deutschen Bundespräsidenten Richard von Weizsäcker, der sagt: «Bei uns ist ein Politiker im Allgemeinen weder ein Fachmann noch ein Dilettant, sondern ein Generalist mit dem Spezialwissen, wie man politische Gegner bekämpft.»

Blocher hat Ogi viele Demütigungen zugemutet. Sie sind so zahlreich, dass von einem Ausrutscher keine Rede sein kann. Ein paar Beispiele seien erwähnt:

- Unmittelbar nach der Wahl von Adolf Ogi in den Bundesrat, er war vorher Direktor von Intersport, höhnte Blocher im Kollegenkreis: «Der kann ja nicht einmal die Bilanz lesen.»
- Er hätte lieber einen Bundesrat, so Blocher, «der unsere Anliegen vertreten würde. Ich denke an die Unabhängigkeit, die Neutralität, an die Landesverteidigung, an die Steuerpolitik.» Damit unterstellte er Ogi, dass er gegen die Unabhängigkeit des Landes sei – an die Adresse des späteren Verteidigungsministers ein «dicker Hund».
- Im Dezember 1999 stellte Blocher Ogi vor den «Swiss Friends of the USA» mit der Bemerkung bloss, dieser habe das Wesen der schweizerischen Landesverteidigung gar nicht verstanden.
- Ein anderes Mal meinte Blocher, Ogi «habe eine fast romantische Vorstellung von Krieg». Das heisst, als Verteidigungsminister unbrauchbar.

- Ogi gehöre «zu den säuselnden Politikern, die sich freuen, wenn sie in Brüssel einen NATO-General berühren dürfen».
- «Wir können nicht unsere Wähler verraten, nur damit Ogi Bundesrat bleibt.»
- Vor dem SVP-Parteitag Ende 1992, Ogi war damals noch Verkehrs- und Energieminister, meinte Blocher, er verstehe gut, dass Ogi gerne die Partei hinter sich wüsste, «er muss aber begreifen, dass wir als Partei auch gerne unseren Bundesrat hinter uns hätten», und vor einer Abwahl müsse er keine Angst haben, werde er doch von den anderen Parteien gewählt, «und diese Stimmen sind dir ja wichtiger».
- Blocher begründete seine abverheite Bundesratskandidatur nach den Wahlen von 1999 mit dem Seitenhieb auf Ogi: «Ich will auch bewusst den Ungeist aufbrechen, wonach der Bundesrat ein exklusives Clüblein sei, in das man aufgenommen wird, wenn man vorher quasi eine Anstands- und Wohlverhaltensprüfung ablegt.»
- An die Adresse von Ogi nach den Wahlen von 1999: «Gewonnen hat jene SVP, die ich vertrete.»
- Nach dem Wahlerfolg von 1999 brüstete sich Blocher, «jetzt ist wohl klar, in welche Richtung die SVP geht». Sicher nicht nach Bern, wo er «Anpasser und Ämtlijäger» ortet, sondern in die SVP-Hauptstadt Zürich.

Bundesräte und ihre Parteien sind nicht immer ein Herz und eine Seele. Eine Vierparteienregierung, die ihre Beschlüsse politisch austarieren muss, kann weder das Parteiprogramm der CVP, FDP, SP noch der SVP umsetzen. Umgekehrt ist eine Bundesratspartei nicht einfach der Seitenwagen des Bundesrates. Daraus entsteht automatisch ein Spannungsverhältnis zwischen der Partei und ihrem Bundesrat. Das Klima muss deswegen nicht frostig sein. Es gehört auch zur Kultur, miteinander anständig umzugehen.

Ich kann nur aus der eigenen Erfahrung berichten. 1978 hatte der SPS-Parteitag in Basel gegen den Willen des damaligen Energieministers Willi Ritschard beschlossen, keine weiteren Atomkraftwerke mehr zuzulassen und die Atomenergie grundsätzlich abzulehnen. Solche Auseinandersetzungen gehen an die Nieren. Ein Bundesrat wird von seiner eigenen Partei nur ungern desavouiert. Eine Partei lässt ihren Vertreter in der Regierung auch nicht aus Vergnügen im Regen stehen.

Als im Dezember 1983 Otto Stich statt die offizielle Kandidatin Lilan Uchtenhagen in den Bundesrat gewählt wurde, war der Teufel los in der SP. Zwei Monate später fand im Kursaal in Bern ein ausserordentlicher Parteitag statt, an dem 3000 Delegierte und Gäste teilnahmen. Geschäftsleitung und Parteivorstand stellten die Frage zur Diskussion und zum Entscheid, ob die SP im Bundesrat bleiben oder sich zurückziehen solle. Zurückziehen deshalb, weil es unerträglich sei, wenn ständig unsere bürgerliche Konkurrenz bestimme, wen die SP in den Bundesrat schicken dürfe. Ich war damals Parteipräsident. Die Führungsgremien stellten fast einstimmig den Antrag, sich unter diesen Umständen aus dem Bundesrat zurückzuziehen. Der Parteitag entschied im Verhältnis mit 3:2 anders, nämlich für das Verbleiben in der Landesregierung.

In beiden Fällen, ob seinerzeit mit Willi Ritschard oder mit Otto Stich, waren die Meinungsverschiedenheiten an Parteitagen öffentlich, einigermassen fair, aber engagiert ausgetragen worden. Dann wurde entschieden. Und die Beschlüsse sind respektiert und akzeptiert worden. Daraus ergab sich eine Geschäftsgrundlage, auf der eine vernünftige Zusammenarbeit ermöglicht wurde, wie das von Politikern erwartet werden darf, die in der Öffentlichkeit eine Vorbildfunktion ausüben wollen oder sollen.

Von einem nur einigermassen einvernehmlichen Verhältnis zwischen Bundesrat Ogi und der SVP zu reden, wäre Schönfärberei. Es gab Momente, da war es schick, zu tun, als ob. Zum Beispiel, als Ogi im Dezember 1999 mit einem sehr guten Resultat zum Bundespräsidenten für 2000 gewählt worden war. Sogar der Fraktionspräsident Walter Frey erklärte, er sei auf «unseren Bundesrat stolz» und Präsident Ueli Maurer lehnte sich noch weiter hinaus: «Ich war schon immer ein Ogi-Fan.» Das muss die Vorfreude auf Ogis Rücktritt nach dem Bundespräsidialjahr bewirkt haben. Nur der ewige Giftzahn aus Kreuzlingen, SVP-Nationalrat Alexander J. Baumann, streikte bei diesem Geturtel.

Ogi war gefragt worden, ob er denn in seiner Partei «noch Rückhalt habe?» «Wenn Sie so direkt fragen: Nirgendwo. So ist es.» Das war 1998. Zwischenhinein tönte es etwas milder: «Ich fühle mich von der Parteileitung nicht unterstützt.» Das war noch ein rücksichtsvolles Verschweigen der effektiven Situation.

Ich mag mich nicht daran erinnern, dass ein Bundesrat von seiner Partei so schofel, beleidigend, feindselig, gemein und lieblos behandelt worden wäre wie Adolf Ogi von der SVP. Er wird oft gefragt, warum er noch in der Partei bleibe, und wohl auch gedrängt, er solle doch austreten. Dass er das nicht tat, ist zu erklären: Die Partei ist für einen Politiker – und Ogi war selber SVP-Präsident gewesen – die politische Heimat. Eine Heimat gibt man nicht auf. Man klammert sich dann an seine Freunde, die es ja in der SVP auch noch gegeben hat.

Ein Bundesrat ohne Partei, das belastet. Ogi bemühte sich in keiner Weise, in den aussen- und sicherheitspolitischen Fragen Konzessionen an Blocher zu machen. Das hätte auch nichts genützt. Der wäre nur mit der vollständigen Kapitulation zufrieden gewesen. Da prallten unversöhnliche Gegensätze aufeinander, und es gibt objektive Gründe für ihre Schwierigkeiten. Natürlich sieht es keine Partei gerne, wenn der eigene Bundesrat fremd geht, und es ist für diesen ausserordentlich belastend, wenn sich seine Partei an ihm vorbei orientiert hat.

Adolf Ogi war 1987 unter günstigeren Umständen in den Bundesrat gewählt worden. Einer der ganz grossen Männer seiner Partei, Bundesrat Friedrich Traugott Wahlen, hinterliess mit seiner letzten Rede im Dezember 1965 im Nationalrat ein politisches Vermächtnis. Wahlen plädierte ausdrücklich für die Öffnung der Schweiz. Als ersten Schritt sah er die Blauhelm-Soldaten, welche die Armee der UNO für Friedenseinsätze zur Verfügung stellen sollte. Ogi hat das getan, was Wahlen vor bald 40 Jahren als Perspektive aufgezeigt hatte. Er steht in seiner Partei durchaus in einer guten Tradition.

Seither hat sich die SVP nach rückwärts entwickelt. Blocher sieht die Zukunft der Schweiz in der Vergangenheit. Er hat Leute nach vorne geholt, die ihn noch rechts überholen. Einer davon ist Ulrich Schlüer. Der hat sich in den paar letzten Jahren als Ogi-Gegner profiliert, so dass sich Blocher zeitweise etwas zurücklehnen konnte.

Schlüer ist eine schillernde Figur. Er war Sekretär der Republikanischen Bewegung gewesen, einer rechtsextremen Partei mit Nationalrat James Schwarzenbach an der Spitze, der 1970 die erste Anti-Ausländerinitiative vor das Volk gebracht hatte. Das mit Abstand grösste Ausländerkontingent stellten damals die Italiener. Man nannte sie «Fremdarbeiter», später dann etwas höflicher «Gastarbeiter». Jugoslawen, Türken, Kurden, Kosovo-Albaner gab es praktisch noch keine, Spanier und Portugiesen nur wenige.

James Schwarzenbach verlangte mit seinem Volksbegehren die Halbierung der Zahl der Italiener. Der Abstimmungskampf verlief leidenschaftlich wie nie mehr bei den nachfolgenden fünf Anti-Ausländerinitiativen. 46 Prozent der Stimmenden sagten ja. Die Schweiz war haarscharf an einer staatspolitischen Katastrophe vorbeigerutscht.

James Schwarzenbach machte aus seiner Bewunderung für das faschistische Franco-Regime in Spanien nie ein Geheimnis. Er hatte sogar ein Buch mit dem Titel «Dolch oder Degen» geschrieben und darin seine Sympathien literarisch ausgelebt. Die Franco-Diktatur dauerte von 1938 bis 1975. Sie war aus dem Bürgerkrieg von 1936 bis 1939 mit massiver Hilfe durch Hitler-Deutschland und das faschistische Italien unter Mussolini entstanden. Ulrich Schlüer war Schwarzenbachs Sekretär gewesen und dürfte so politisch nicht gerade die hohe Schule der Demokratie absolviert haben.

Irgendwann sei er, erklärt Schlüer, mit den Zielen der Republikaner nicht mehr einverstanden gewesen. Dem wird wohl der Umstand mitgeholfen haben, dass diese an Schwindsucht litten und langsam ins politische Koma fielen. Schlüer übernahm die Zeitung «Schweizerzeit», deren Chefredaktor und Verleger er ist. Das Blatt hat sich so rechtsaussen wie nur möglich angesiedelt. Rechts von der «Schweizerzeit» klafft nur noch der Abgrund.

Schlüer mauserte sich zur SVP durch und wurde dort von Blocher offenbar mit offenen Armen empfangen. Er präsidiert heute die Aussenpolitische Kommission der Partei. Anfangs 2000 hatte Schlüer an einer Pressekonferenz die «Sifa» vorgestellt, was «Sicherheit für alle» bedeutet und sich speziell mit der inneren Sicherheit befassen soll. Damit bekommt die Blocher-SVP neben der Auns, der «Aktion für eine unabhängige und neutrale Schweiz», eine weitere Kampftruppe. Die Auns ist Blochers Privatarmee neben der Partei, für den Fall, dass diese mal nicht spuren sollte. Nötigenfalls setzt er sie auf die SVP an, um Druck zu machen. Das Dualsystem funktioniert.

Ulrich Schlüer ist Blochers «Minenhund», der auf dem feindlichen Ogi-Territorium eingesetzt wurde. Schlüer berief den kalten Krieger Hans Bachofner, Divisionär in Ruhestellung, an seine Seite. Was er sich gegen Ogi an Infamie geleistet hat, geht auf keine Kuhhaut. Er ist deswegen von der Parteileitung nie ermahnt worden. Auch das ist eher ungewöhnlich. Ein paar Schlüer-Bosheiten seien aufgezählt:

- Zum Rücktritt von Ogi als Bundesrat erschien in Schlüers «Schweizerzeit» eine Abrechnung unter dem Titel «Einmal ein General sein...» Mit Spott und Hohn übergoss er den Magistraten. Anlass bot ihm ein Militär-Symposium, zu dem Ogi eingeladen hatte und 450 Offiziere aus dem In- und Ausland erschienen waren. «Wen erstaunt's, dass er – von einer endlich auch den Duft der grossen Welt schnuppern dürfenden Medienmeute auf Schritt und Tritt verfolgt und erhöht – als Karriere-Höhepunkt schliesslich auch noch General zu werden wünschte. Doch nicht nach miefig provinziellem schweizerischem Dreisternler dürstete ihn, nein: NATO-General wollte er werden. Und sie folgten seiner Einladung nach Luzern, vierhundertfünfzig Berufsoffiziere an der Zahl, zumeist aus NATO-Ländern, waren angereist. Gerne gaben sie sich her als Staffage für seinen Glanzauftritt. Dabei beifällig nickend, als sie aus seinem berufenen Mund erfuhren, die Schweiz wolle sich zur ‹NATO-Lobby› mausern. Schliesslich ist es auch für die NATO verlockend, sich mit der schweizerischen eine der noch immer stärksten Armeen Europas mir nichts, dir nichts einverleiben zu können.»
- Im Buch «Neutralität 2000», erschienen im Juni 2000, schreibt Schlüer:
  «Im Rahmen der Verzichtplanung wird sowohl der ‹Verzicht auf autonome Verteidigung› ernsthaft erwogen wie der generelle Verzicht auf Ordnungsdienst-Einsätze der Armee im Innern.»
  «Was bleibt, wenn auf solch elementare, in der Bundesverfassung ausdrücklich verankerte Armeeaufträge verzichtet werden soll, überhaupt noch übrig von einer Landes-Verteidigung, deren Chefs des eigenen Landes überdrüssig geworden zu sein scheinen?»
- «Der bekümmerte Hinweis, wir seien ‹allein zu schwach›, ist nichts anderes als Defätismus. Defätisten aber gehören nie an die Spitze der Armee. Weil Defätisten eine Gefahr für das Land darstellen.»

- «Wenn die militärische Führungselite der Schweiz diese elementaren militärischen Zusammenhänge nicht mehr zu erkennen in der Lage ist, muss sie ersetzt werden – weil sie defätistischen Einstellungen verfällt.»
- «Der vorgestellte Sicherheitsbericht des Bundesrates ist eine Eloge auf die Preisgabe der Unabhängigkeit.» Das ist eine von Schlüer autorisierte Aussage von alt Divisionär Hans Bachofner.
- Der Journalist Viktor Parma fasst Schlüers Kampfschrift zusammen:
  »Er lässt an Ogis neuem Armee-Konzept ‹Sicherheit durch Kooperation› keinen guten Faden. Schlüer beschuldigt Ogi und seine Leute der Verantwortungslosigkeit, Effekthascherei, Willkür, Geltungssucht, Salamitaktik, Profilierungssucht und Heimatmüdigkeit.»

Der Vorwurf an den Verteidigungsminister, er und seine Generäle seien Defätisten, könnte aus dem Tollhaus stammen. Im «Duden» wird Defätismus wie folgt erklärt: «Hoffnungslosigkeit, Neigung zum Aufgeben.» Schlüer unterstellt Ogi, dieser wolle die Schweiz gar nicht mehr verteidigen, sondern preisgeben. So tief ist eine Partei ihrem Bundesrat gegenüber noch nie gefallen.

Blochers Sicherheitsexperte Schlüer predigt die «autonome Verteidigung», der SVP-Boss aber hat, zusammen mit seinem Bankier Martin Ebner, den stolzen Schweizer Konzern Alusuisse an einen ausländischen Konzern verkauft, weil die Firma autonom nicht mehr zu führen gewesen wäre, wie die beiden erklärten. Bei der SVP wird halt auf zwei Klavieren gespielt: Wie es euch passt.

Beim SVP-Parteitag vom 1. Juli 2000 führte Schlüer die Regie. Das war vermutlich für Ogi der schlimmste Parteitag gewesen. Die beiden Herren Schlüer und Divisionär z. D. Hans Bachofner fielen so richtig über den Verteidigungsminister her. Die in Kosovo eingesetzten Soldaten wurden als «bewaffnete Sozialarbeiter» lächerlich gemacht, um fortzufahren, Ogi habe vom Ganzen nur «romantische Vorstellungen».

Als Höhepunkt war vorgesehen, die von Ogi eingeleitete Teilreform des Militärgesetzes abzulehnen. Der Parteitag der SVP Schweiz beschloss denn auch mit grossem Mehr, dagegen das Referendum zu ergreifen und das, bevor das Parlament mit der Beratung zu Ende gewesen war. Die SVP schmiss ihrem Bundesrat den ganzen Bettel vor die Füsse. Bekämpft wird vor allem der Passus, dass Schweizer Soldaten für Friedenseinsätze unter der UNO-Flagge eingesetzt und zur Selbstverteidigung bewaffnet werden dürfen.

Im gleichen Aufwasch wurde, einmal mehr, ein UNO-Beitritt abgelehnt. Die Schweiz zahlt als Nichtmitglied jährlich ca. 500 Millionen Franken Beiträge an die UNO, weil sie mit Genf als UNO-Standort für Europa sich schlicht keine Nulldiät leisten kann oder sie verliert Genf als UNO-Stadt. Das weiss auch die SVP – und akzeptiert das. Ein UNO-Beitritt würde noch etwa 35 bis 40 Millionen Franken mehr kosten, als wir jetzt zahlen. Dafür wären wir Vollmitglied. Heute zahlt die Schweiz 500 Millionen und hat nichts zu sagen. Dazu schweigt die SVP und tut, als ob mit dem UNO-Beitritt die Neutralität in Gefahr wäre. Die doppelte Buchhaltung ist unehrlich.

«Wir müssen zur Krise gehen, sonst kommt die Krise zu uns», lautet die Leitlinie des Bundesrates. Das bedeutet, damit nicht Zehntausende von Kosovo-Flüchtlingen in die Schweiz kommen wollen, muss man diesen Menschen vor Ort helfen. Ulrich Schlüer aber behauptet, «Tatsache ist, unser Flüchtlingsproblem ist hausgemacht». Wie meint er das? Man brauche nur, erklärt er, die Grenzen dicht zu machen und «wir müssen die Leute gar nicht reinlassen, sondern können sie nach Italien zurückschicken». Humanität ist für diesen unsäglichen Zyniker offenbar ein Schimpfwort. Es ist klar, dass Schlüer mit einem Adolf Ogi nichts anderes anzufangen weiss, als ihn zu beschimpfen. Niederträchtiger geht es kaum mehr.

Adolf Ogi hat in einem miesen parteieigenen Umfeld politisieren müssen. Umso höher ist seine Leistung im VBS einzustufen.

11. Der Rücktritt

Nach der Rücktrittserklärung von Adolf Ogi aus dem Bundesrat im Oktober 2000 meinte Madame Jeanneret, eine Geschäftsfrau in Pruntrut, «damit verlieren wir unseren besten Romand im Bundesrat. Pascal Couchepin ist Walliser, kein Romand.»

Ogi heimste von allen Seiten Komplimente ein. Viele rühmen in solchen Situationen, weil einer geht und nicht noch länger bleiben will. Dem folgt das erleichterte Aufatmen: «So, den wären wir los!» Das war bei Ogi nicht so. Die Grünen schwelgten: «Mehr als Ogi kann man in diesem Land nicht erreichen.» Der Schweizerische Gewerkschaftsbund hat ihn als «einen ehrlichen Politiker» verabschiedet. Für den Wirtschaftsverband économiesuisse – früher Schweizerischer Handels- und Industrieverein, Vorort genannt – personifiziert Ogi mit «einer offenen Schweiz».

Im Demissionsschreiben an den Präsidenten der Bundesversammlung dankte Ogi fast allen, nur seine Partei blieb unerwähnt. Das ist ungewöhnlich, ist aber in seinem Fall verständlich. Prügel steckt man ein, bedankt sich aber nicht noch dafür.

Als er das Verkehrs- und Energiewirtschaftsdepartement aufgeben musste, wurde Ogi nach seinem grössten Erfolg gefragt: «Die Neat wird so gebaut, wie ich sie entworfen habe. Der Transitvertrag ist ein gutes Werk. Das Energiesparprogramm 2000 wird international anerkannt.»

Wie sieht es mit den Erfolgen im Verteidigungsdepartement aus?

Ogi hat 1992 für die politische Öffnung der Schweiz gekämpft. Sie scheiterte an der Mehrheit der Stimmenden. Ogi setzte seinen aussenpolitischen Kurs auch als Verteidigungsminister fort. Sein Pech war, dass die politische Öffnung eigentlich hätte vorangehen müssen. Das wäre für eine Demokratie die richtige Reihenfolge gewesen: Politik geht voran, Politik hat Priorität. Aber die Umstände sind nun mal nicht so. Davon liess sich Ogi nicht irritieren. Er blieb sich auch im VBS dem treu, was er in seiner 1. Augustrede von 1993 als Bundespräsident gesagt hatte:

«Kein Berg, kein Tal, kein Fluss und kein See trennt uns mehr vom Geschehen in Europa.»
«Eiger, Mönch und Jungfrau haben sich nicht verändert. Die Schweiz hat sich verändert: Die Eidgenossenschaft, wie wir sie aus der Geschichte kennen, ist ein moderner, sozialer Staat geworden.»
«Die Schweiz ist ein kleines Land. Und die Versuchung ist gross, dass wir uns noch kleiner machen. Dass wir uns zurückziehen in das Schneckenhaus, um nicht mitmachen zu müssen in dieser Zeit der grossen und ungelösten Probleme.»

Ein andermal warnte Ogi:

«Wir Politiker sind dazu aufgerufen, die uns übertragene Verantwortung wahrzunehmen. Wir sind dazu aufgerufen, zu den als einmal richtig erkannten Lösungen ohne Wenn und Aber vorbehaltlos zu stehen. Wir dürfen uns nicht nach dem aktuellen Trend richten, nicht dem billigen Populismus huldigen. Wir haben uns täglich zu fragen, was kann ich in meinem Verantwortungsbereich tun, um der als richtig erkannten Lösung zum Durchbruch zu verhelfen.»

Ich erwähne es noch einmal, Ogi ist Sportler und will nicht nur laufen, sondern gewinnen. Diese Mentalität hat er auch als ungestümer Politiker verinnerlicht. Er ist ein Animator, kann mitreissen, begeistern und dabei vielleicht nützliche Bedenken überrennen.

Ogi ist nicht der vorsichtige Taktierer. Er stürmt nach vorn, fordert heraus, riskiert alles oder nichts. Das entspricht nicht unbedingt dem gängigen Politstil. Üblich ist das vorsichtig abgesicherte Vorgehen. Wenn ich mir überlege, dass Bundesrat Wahlen schon 1965 für Blauhelm-Soldaten im Dienst der UNO ein gutes Wort eingelegt hatte und wir bis heute damit nicht weitergekommen sind, bin ich mir nicht sicher, welche Taktik die richtige und welche die falsche sein soll: Die der kleinen Schrittchen oder die des grossen Risikos? Bei dieser besteht Absturzgefahr, bei der anderen nicht. Aber: Wer gar nie aufsteht, stolpert auch nicht.

Adolf Ogi hat den militärischen Alleingang der Schweiz mit der «Sicherheit durch Kooperation» ersetzt. Seine Parteifeinde konstruieren daraus den heimlichen, bereits beschlossenen NATO-Beitritt. Gegen Auslandeinsätze für friedenserhaltende Massnahmen der UNO stellen sie schon den Sarg öffentlich zur Schau und fragen die Mütter: «Wollen Sie, dass Ihr Sohn einst im Sarg nach Hause kommt?»

Ogi hat das Inserat «eine Katastrophe» genannt. Ist es nicht. Wo Soldaten im Einsatz sind, auch unter dem Mandat der UNO, riskieren sie ihr Leben. Das ist so. Aber das gilt auch für alle, die mit dem Auto unterwegs sind. In der friedlichen Schweiz wird der «Krieg» seit Jahren auf der Strasse ausgetragen und nicht auf dem militärischen Schlachtfeld. Jedes Jahr verunfallen auf unseren Strassen gegen 600 Menschen tödlich und gibt es um die 30 000 Verletzte bis Schwerverletzte. Da lässt es sich am militärischen Sandkasten gut vom Alleingang der Armee schwafeln und jede Kriegsgefahr ausblenden. Das geht, weil für die Schweiz weit und breit keine militärische Bedrohungsgefahr besteht. Die wackeren Anti-Ogi-Krieger in der SVP tun, als ob für ihre autonomen Armeeeinsätze keine Lebensgefahr bestünde. Will aber der Verteidigungsminister Soldaten für UNO-Friedenseinsätze zulassen, scheissen sie in die Hosen und jammern, Krieg sei gefährlich.

Adolf Ogi war ein ungewöhnlicher Bundesrat. Er hat polarisiert. Die einen sahen ihn als politischen Showman, der keinen Fototermin auslässt. Das war er auch, aber nicht nur. Natürlich hat er das öffentliche Scheinwerferlicht genossen. Damit hätte er auch1998, dem 150. Jubiläumsjahr für den Bundesstaat Schweiz von 1848, am liebsten ein riesiges Alpenspektakel inszeniert. Statt nur die üblichen, oft etwas langweiligen Jubiläumsanlässe durchzuführen, wollte Ogi Pep in die Festhütte Schweiz bringen. Mit einem verrückten Plan: Von der Jungfrau über die Blüemlisalp und den Säntis bis zur Bernina wären Scheinwerfer montiert und ein paar der Berggiganten beleuchtet worden. Dem Bundesrat wurde darob wahrscheinlich leicht schwindlig. Er blockte das Abenteuer ab.

Der Vorschlag war typisch Ogi: Er hat in der Politik stets mit Symbolen gearbeitet. Symbole gehen unter die Haut, ans Herz, wecken Gefühle. Was meinen Sie, welche Reaktionen die beleuchtete Alpenkette ausgelöst hätte: Von «die spinnen» bis «das finde ich toll» wäre die Fantasie der Menschen voll ausgereizt worden. Und das Ausland hätte über die Schweiz staunen können: Für einmal hätte sie sogar Hollywood in den Schatten gestellt.

Ob die Idee technisch umsetzbar gewesen wäre, weiss ich nicht. Schwieriger müsste das Ganze nicht gewesen sein als eine Mondlandung. Ob der von Ogi erhoffte Effekt eingetreten wäre, bleibt ebenfalls offen. Wie bei manchem, was der Mann angefangen oder getan hat. Aber die «Basler Zeitung» hatte schon Recht, als sie Ogi als Bundesrat mit den Worten verabschiedete: «Den Ogi werden wir vermissen.»

Adolf Ogi

Privat

Adolf Ogi wurde am 18. Juli 1942 in Kandersteg als Sohn von Anna und Adolf Ogi, Förster, Bergführer und Skilehrer, geboren. Zusammen mit seinem Bruder Rudolf Ogi verbrachte er seine Jugend in Kandersteg, wo er auch die Grundschule besuchte. Danach erwarb Adolf Ogi an der «Ecole supérieure de commerce» in La Neuville das Handelsdiplom und besuchte hinterher die «Swiss Mercantile School» in London. Adolf Ogi ist mit Katharina geb. Marti verheiratet und Vater zweier Kinder (Mathias Ogi, geboren 1973, und Caroline Ogi, geboren 1975).

Berufliche Laufbahn

1963-1964	Leiter des Verkehrsverein Meiringen-Haslital
1964	Eintritt in den Dienst des Schweizerischen Skiverbandes (SSV)
1969-1974	Technischer Direktor des Schweizerischen Skiverbandes (SSV)
1971-1983	Vizepräsident des Welt- und Europakomitees der «Fédération Internationale du Ski» (FIS)
1975-1981	Direktor des Schweizerischen Skiverbandes (SSV), zuständig für Breitensport, Skitourismus, Jugendskisport/Jugendskilager, Ausbildung, Pisten- und Rettungsdienst, Wettkampfsport, Administration, Finanzen
1981-1987	Generaldirektor und Mitglied des Verwaltungsrates der «Intersport Schweiz Holding AG» in Ostermundigen
1988-2000	Bundesrat

Militärische Laufbahn

1981-1983	Major eines Gebirgsfüsilier-Bataillons
1984-1987	Verbindung-Offizier im Stab einer Reduit-Brigade
1995-2000	Chef des Eidgenössischen Militärdepartements (ab 1. Januar 1998 «Eidgenössisches Departement für Verteidigung, Bevölkerungsschutz und Sport VBS»)

Politische Laufbahn

1978	Eintritt in die Schweizerische Volkspartei (SVP)
1979-1987	Mitglied des Nationalrates (Grosse Kammer des Eidgenössischen Parlaments)
1982-1987	Mitglied der damaligen Militärkommission (heute: Sicherheitspolitische Kommission) des Nationalrates

1984-1987	Präsident der Schweizerischen Volkspartei (SVP)
1986-1987	Präsident der damaligen Militärkommission (heute: Sicherheitspolitische Kommission) des Nationalrates
1987	Wahl am 9. Dezember 1987 in den Bundesrat
1988-2000	Mitglied des Schweizerischen Bundesrates
1988-1995	Als Bundesrat Vorsteher des Eidgenössischen Verkehrs- und Energiewirtschaftsdepartements (EVED)
1992	Ernennung zum Ehrenbürger der Gemeinde Kandersteg
1993	Bundespräsident
1995-2000	Als Bundesrat Vorsteher des Eidgenössischen Militärdepartements (ab 1. Januar 1998 «Eidgenössisches Departement für Verteidigung, Bevölkerungsschutz und Sport VBS»)
1998-1999	Präsident des Kandidaturkomitees für die Olympischen Winterspiele Sion 2006
1999	Ernennung zum Ehrenbürger seiner Wohnortgemeinde Fraubrunnen
2000	Bundespräsident
2000	Am 18. Oktober 2000 erklärt Ogi seinen Rücktritt aus dem Bundesrat, aus dem er offiziell am 31. Dezember 2000 ausscheidet

Der Verfasser stützt sich bei Zitaten auf folgende Quellen:

Basler Zeitung, Die Weltwoche, Neue Zürcher Zeitung, Blick, SonntagsBlick, Schweizer Illustrierte, Sonntags-Zeitung, Facts, Berner Zeitung, Der Bund, Financial Times Deutschland, Eidgenössische Militärbibliothek und historischer Dienst, Ringier Dokumentationszentrum

Informationsgespräche:

Der Verfasser führte mit den nachstehend aufgeführten Persönlichkeiten unverbindliche Informationsgespräche. Die Genannten sind nicht verantwortlich für das, was der Verfasser geschrieben hat:
Peter Amstutz, Ressortleiter Bundeshaus-Redaktion Basler Zeitung
Bruno Lezzi, Redaktor Neue Zürcher Zeitung
Arthur Liener, Generalstabschef a.D.
Frank A. Meyer, Mitglied Konzernleitung von Ringier
Hanna Muralt, Vizekanzlerin der Bundeskanzlei
Adolf Ogi, alt Bundesrat
Niklaus Ramseyer, Bundeshaus-Redaktor Basler Zeitung
Oswald Sigg, Informationschef VBS
Benedikt Weibel, Vorsitzender Geschäftsleitung SBB

Abkürzungen:

Auns	Aktion für eine unabhängige und neutrale Schweiz
EMD	Eidg. Militärdepartement
EU	Europäische Union, Sitz in Brüssel
EVED	Eidg. Verkehrs- und Energiewirtschaftsdepartement
EWR	Europäischer Wirtschaftsraum der EU, offen auch für Nicht-EU-Staaten
IOC	Internationales Olympisches Komitee
Neat	Neue Eisenbahn-Alpentransversale
NATO	Organisation des Nordatlantikvertrags (North Atlantic Treaty Organization), Sitz in Brüssel
OECD	Organisation für Wirtschaftliche Zusammenarbeit und Entwicklung, Sitz in Paris
OSZE	Organisation für Sicherheit und Zusammenarbeit in Europa, Sitz in Wien
PUK	Parlamentarische Untersuchungskommission
SiK	Sicherheitspolitische Kommission, National- und Ständerat